PUHUA BOOKS

我们一起解决问题

财务工作那些事儿

从财务新手到跨国企业财务高管

周周 / 著

人民邮电出版社
北京

图书在版编目（CIP）数据

财务工作那些事儿 ：从财务新手到跨国企业财务高管 / 周周著. -- 北京 ：人民邮电出版社，2022.2（2022.11重印）
ISBN 978-7-115-58228-7

Ⅰ. ①财… Ⅱ. ①周… Ⅲ. ①财务管理 Ⅳ. ①F275

中国版本图书馆CIP数据核字(2021)第261641号

内 容 提 要

如果你在财务工作中迷失方向，不知该向哪走；如果你在财务工作中迷茫踟蹰，不知是否该继续，也不知该如何突围，这本书就是你的强心剂和指南针。

本书作者曾经在财务工作一线奋战 23 年，经历了从财务新手到跨国企业财务高管的职场进阶。这段奋斗经历曾激励了万千财务人员。作者在本书中讲述了自己对财务工作、相关政策、从业技能、职业规划、求职面试及新技术的看法和体会。本书饱含了作者对财务人员的谆谆教诲和殷切期盼，书中既有经验分享，又有方法和工具，是一部不可多得的财务人员成长指南和进阶宝典。

本书适合企业管理人员、财务管理人员阅读，也适合对财务工作感兴趣的人员阅读。

◆ 著　　周　周
责任编辑　贾淑艳
责任印制　胡　南
◆ 人民邮电出版社出版发行　　北京市丰台区成寿寺路 11 号
邮编　100164　　电子邮件　315@ptpress.com.cn
网址　https://www.ptpress.com.cn
涿州市京南印刷厂印刷
◆ 开本：880×1230　1/32
印张：8　　2022 年 2 月第 1 版
字数：200 千字　　2022 年 11月河北第 5 次印刷

定价：59.80 元

读者服务热线：(010)81055656　印装质量热线：(010)81055316
反盗版热线：(010)81055315
广告经营许可证：京东市监广登字 20170147 号

前言

很久以来，我心里始终有一个愿望，那就是有朝一日可以将自己的一些专业经验和职场经验分享给有需要的人，尤其是那些对未来职业充满希望的年轻人。

经过几年时间的慢慢回忆，慢慢修改，慢慢整理，终于写成了这本书。

财务职业，既好做又不好做，既容易又不容易。

好做、容易，是因为财务职业门槛低，只要经过一些简单的培训，就能成为一名会算数、会记账的会计。

不好做、不容易，是因为财务人员在个人职场成长上会很快陷入瓶颈，虽然经过各种努力，但是依然无法打破现状，令人迷茫又无助。

我很幸运，这么多年以来一直都在大企业工作，接触过许多优秀的领导。不管是在工作经验积累上还是在个人职业成长上，我还是很顺利的。

我遇见过很多同行，尤其是在中小企业工作的同行。就个人素质而言，他们并不差，有的甚至可以算优秀，上进心也很强；但是，由于各种原因，他们在毕业后没能进入好一些的企业工作，后来又不清楚应该努力的方向，以致慢慢消耗了他们的职业发展黄金时间，也磨灭了他们初入职场时的抱负与希望。

每每看到这些同行，我总觉得非常惋惜。

因此，我希望有机会可以为他们做些什么，现在终于完成了这个心愿。

相较于市场上诸多的大咖、大佬，我的这些经验、经历或许不值得一提，而且有些内容可能因个人见识问题略显浅薄，这么呈现出来难免贻笑大方。但是，它们都是我的亲身经历及体会，是真实的内容，是尽了自己所能写出来的东西，所以每每想到这些又会心安一些。

芸芸众生，大多是平凡人，如你，如我，如他。平凡人相互交流起来往往会觉得彼此真实、接地气，我的那些如同你的经历，能够让你看到自己的影子。

因为我会像懂自己一样懂你。

本书的主要目的是为财务人员指明职业成长方向，说明要成为一位优秀的财务人员应当培养怎样的认知和思维。

我在腾讯课堂开设了“企业财务管理系列专题”课程，课程内容包括职业规划、制度建设、费用管理、结算管理、预算管理、客户信用管理、采购管理、销售管理、经营分析、资金管理、银行融资管理、业财融合、沟通与汇报及如何成为优秀主管等。读者可以在腾讯课堂搜索“财务管理周周谈”来学习这些课程。

由于我的知识、经验和认知等方面的限制，书中内容难免存在不足之处，恳请读者予以指正。

目录

Chapter 01

第1章

走上财务路

屈指一算，从 1995 年我大学毕业到现在，已经过去 26 年了，其间 23 年我都在从事财务工作。弹指一挥间，我从青年人变成了中年人，职业提升上也从当年的财务新手变成了一家跨国企业的财务高管。人到中年，我想对自己的职业历程做一个梳理。

有趣的学校生涯

1993 年，我接到了某大学商学院商贸会计专业的录取通知书。当时我觉得还挺不错的，怎么说也是“千军万马过独木桥”考上了一所大学。小时候，我的理想是做一名医生，我觉得穿着白大褂很神气，最后却成了一名会计专业学生。

我记得开学报到第一天，学校给财会专业的学生都发了算盘。

我报的专业是当时学校首次试行的两年制专科，这使我少学了很多基础课，从入学开始就直接和二年级的学生一起学专业课。

当时每天晚上 6点到 7点是基本技能训练时间，对财会专业的学生来说，也就是练习打算盘。每天晚饭后，教学楼里会逐渐传出打算盘声。当基本技能训练开始时，整栋教学楼里会被打算盘声所覆盖。

我记得在财会专业课上，老师对我们说，“你们是非常幸运的一届，因为按照国家规定，自 1993 年 7 月开始，所有企业统一采用复式记账法，而你们所学的专业也会全部依照这个统一标准进行学习，从而省去了很多麻烦”。

我当时并没有那种幸运的感觉。

我记得我在学复式记账法时，对借和贷完全不理解。资产类和负债类科目还好说，会计分录勉强能够理解，但是权益类科目真是让人一头雾水。

在学收入和成本结转时，我觉得非常麻烦，明明收入和成本直接对减就可以得出利润，却还要反复做好几道凭证。

在学成本会计时，我对成本和费用的分类十分迷惑。

在学习财务管理时，对于货币时间价值和各种计算公式，我一窍不通。

所幸当时我们都没有接触过实务，都要靠死记硬背。

在实践课上，老师会给每个人发一打空白记账凭证、账页和格式财务报表，要求我们把模拟的一些业务做成凭证、登账，最后做出报表。结果，这些纸张经常被我们横七竖八地铺满整个桌面，我们却还是做不平报表。

我当时觉得能把报表做平就是一件很了不起的事情。

第一份工作

大学毕业后，我进入一家食品销售公司工作。后来，我被公司派往成都的销售公司做主管会计。

我记得到成都的销售公司的第一天，负责办理工作交接的领导对原主管会计说：“他刚大学毕业，没有任何经验，你先带他几天再走。”那位主管会计说：“他是大学生，不像我们，没读过几天书，我能教他什么？”

第二天，那位主管会计就离开公司了。

出纳员的年龄比我大，他不可能听我一个刚走出校门的人的指挥。

所谓的主管会计，就是我一个人负责处理所有的账务工作。

当时计算机还没有普及，自然谈不上会计电算化，所有的账务处理靠手工完成。我每天会把每一笔原始凭证做成记账凭证，然后登记到每个科目明细账上。到了月末，我再做丁字账户、试算平衡，只有把试算平衡表做平了，与每一个科目明细账的余额核对相符，才能结账做报表。

由于记账凭证数量多，因此往往很难一次做正确，这时就要一笔一笔地找出计算错误的地方。

我记得有一次总公司的产品调价，总部财务部要求各销售公司必须在产品调价的前一天结出当月的账，并做出财务报表。

因为是产品提价，所以这天之前出货业务非常多，会计凭证也非常多。

早上 4 点，我还是没有把试算平衡表做完。

因为太累了，所以我在办公室里的沙发上躺了一会儿。这时办公室里就我一个人。

想到今早 8点要交试算平衡表，想到我身处外地，想到没有人能够帮助自己，那种酸楚和无助的感觉油然而生。

室外月光如水，室内孤灯清影。

躺了半个多小时，我强迫自己起来，继续一笔一笔地核对账目，终于发现是一笔记账凭证在登记到丁字账户时登记错了。

早上8点，我准时上交了试算平衡表。这时，同事陆续来公司上班了，他们都以为我起得很早，却不知道我一夜未眠。

这么多年过去了，我时常会想起那个夜晚。

感谢没有计算机，使我通过做手工账明白了在学校时没有明白的会计原理。

感谢无人相助，使我学会了承受工作压力。

感谢前一任者没有给我任何的教导，让我在压力下得到了更快的成长。

感谢自己的坚持，使我慢慢爱上并真正走上财务路。

本章金句：

- 能把报表做平就是一件很了不起的事情。
- 室外月光如水，室内孤灯清影。
- 感谢自己的坚持，使我慢慢爱上并真正走上财务路。

读书笔记

我的成长小目标

Chapter 02

第2章

如何考试

走上财务路，无法避免的就是要参加各种各样的考试。

关于考证

1997 年，我突然想到该考证了。

于是，我先办了一个会计证。当时，财会专科以上可以直接申领会计证。

后来，我准备考助理会计师。我当时感觉这个考试并不难，所以并没有花很多的时间去看书。

在考试时，每门考试我都提前交卷。

考试成绩出来后，我毫无悬念地拿到了助理会计师证书。

因为考试简单，所以当时拿到助理会计师证书后我并没有欣喜的感觉。

这是我参加工作以来第一次考证。

后来，我又兴冲冲地准备考会计师。结果，被告知考完助理会计师两年以后才能考会计师。

既然暂时不能考会计师，那么我就考注册会计师（Certified Practising Accountant，CPA）。

CPA 考试

对于考 CPA，之前我想都不敢想，只是在上大学时听学长说过，“这是国内最高水准的财务考试”。

我报考时抱着凑热闹的心理，因为我觉着肯定考不过。

在报名时，我选择了两门相对简单的科目——经济法和税法。为了顺利通过考试，我参加了一个学习辅导班。

考试成绩出来后，经济法考过了，税法没有考过！

不管怎么说，这次考试确实让我信心倍增。第二年，我把剩下的四门科目（会计、审计、税法和财务成本管理）[1]全报了。

报名成功以后，我给自己制订了一个学习计划：早饭

1　注册会计师考试于2009年由原来的五门考试变为专业阶段和综合阶段“6+1”的形式，本书采取作者考试时的形式叙述。——编者注

后，背各种概念、法规等；午饭后，休息一会儿；晚饭后，开始学习。每天学习两门课程。

我一般会看三遍书：第一遍通读，了解教材的概貌；第二遍细读，熟悉每一章内容；第三遍通过做题，查漏补缺。

备考过程是痛苦的，甚至有时候我会对下班时间的到来有些恐惧，因为下班后我又要从晚上7点看书到第二天早上，那种滋味真的很难受。

每天，我会准时坐到办公桌前，按计划学习。

我知道自己不是一个聪明的人，要想考过，唯有依靠自己的坚持和努力。

有时候实在太累了，或者心情烦躁，我会在下班后骑着自行车在街上转悠一会儿，等心情慢慢平静下来，再回去看书。

书看得差不多后，我就开始大量地做题，提高做题的速度和准确率。

总的来说，当时 CPA 考试的特点大概有以下几个。

会计：考试难度大，尤其是长期股权投资、现金流量表和合并报表等，平时在工作中接触得少，所以要通过多看书把它理解透彻。

审计：要把基础理论概念理解透彻。在考试时，主抓基础分，因为大题往往较难，如果基础分没有抓住，大题又不会做，那肯定考不过。

税法：看完书后大量做题，提高做题的速度和准确率。

财务成本管理：要熟记公式，多做题。

到了考试的这一天，虽然自己已经做了大量的努力，但心里还是没底。

不管结果如何，曾经努力过，不让自己后悔就行。

考完试后，我天天盼着出成绩。

终于可以查询成绩了。我在成绩查询网页上输入自己的准考证号，单击“确定”按钮后，本能地闭上了眼睛，紧张到不敢看结果。

上天确实会奖励努力的人！

会计——考过了！

审计——考过了！

税法——考过了！

财务成本管理——差两分没过！

两年的时间，我考过了 CPA 的四门考试：经济法、会计、审计和税法。

第三年，我轻松了很多，因为只剩下财务成本管理这一门考试，而且我已经复习过一次了。

毫无悬念，第三年我通过了财务成本管理考试。我顺利拿到了 CPA 全科合格证。

我认为，CPA 考试确实很难。而且，即使考过了，考试成绩也大多是 60 多分，很难考出高分。我除了税法考了 80 分左右，其他四门都考了 60 多分。

CPA 考试对所有人都是公平的，就算是在会计师事务所工作的人也同样觉得很难。而且，正是因为 CPA 很难考，才彰显了它的价值和含金量。

我经常告诫年轻的朋友毕业后要赶快考 CPA，因为这时人的精力旺盛，更重要的是没有家庭、孩子等方面的事情打扰，可以静下心来学习。毕竟考过的人都知道，CPA 考试需要付出大量的时间和精力，越早考越好。

工商管理硕士考试

2007年，我报考了工商管理硕士（Master of Business Administration，MBA）考试。

当时考MBA需要考综合（包括数学、逻辑及写作）和英语。

彼时，数学包括初等数学、微积分、线性代数和概率论。我只学习过微积分。英语也差不多都忘记了。

这样的状态，怎么去考MBA呢？

我有一个“毛病”，那就是一旦决定的事情，就一定会坚持做下去！

数学没学过，上补习班学习；英语全忘记了，“捡”起来继续学。

回想当时补习数学，只能用一个“啃”字来形容：先学初等数学，把高中的排列组合等知识重新拾起来，再慢慢地学高等数学。

至于英语，我找出了考研时的一些必背单词，把其中不认识的、不会的单词写在小本子上，然后把它放进衣服口袋里。在地铁上，或者在上下班路上，或者在吃饭时，只要有时间，我就会掏出小本子看。

慢慢地，数学题越做越简单，英语单词记得越来越多。

人不聪明也有好处，就是做事能坚持。我觉着自己就是这样的人。

经过一段时间的痛苦拼搏，我迎来了考试的这一天。

考试结果比较理想：我的考试成绩达到了国家分数线。最后，我选择了一所适合自己的大学，并被录取了。

> 正在备考 MBA 的朋友，加油！我都考过了，你们也能考过！

本章金句：

- 我知道自己不是一个聪明的人，要想考过，唯有依靠自己的坚持和努力。
- 不管结果如何，曾经努力过，不让自己后悔就行。

读书笔记

我的成长小目标

Chapter 03

第 3 章 如何择业面试

我的第一份工作，是在一家食品销售公司担任主管会计。本章将谈谈我当初是怎么来到这家公司，以及后来是如何重新择业、跳槽和面试的。

第一次找工作和跳槽

临近大学毕业，学校对我们进行了一些面试方面的技巧培训，如着装要得体、要面带微笑、回答面试官的问题时要不卑不亢等。

我到南京参加江苏省大学毕业生人才交流会时，才见识到什么是人山人海。省展览馆门口仅排队入场的队伍就转了几个大圈，前不见头，后不见尾。

展览馆内更是人头攒动，好的单位摊位都挤不进去，能把简历递过去就不错了。

我好不容易挤到一家食品销售公司的摊位前，身上借来的西服都被挤皱了，衣领也被汗浸湿了。

这家公司的招聘人员看了一眼我的简历，问道：“想来我们公司吗？”

我回答说："啊？"

招聘人员不耐烦地说："想不想来我们公司？想来就去旁边填张表！"

我回答说："啊？好！"

这就是面试？

说好的要面带微笑呢？说好的要不卑不亢呢？

> **这就是现实！**

在集中培训了一个多月后，公司开始给大家分配工作岗位。这次财会专业共招聘了 40 多人，学历为本科的，进入集团总部财务部工作；学历是专科的，进入工厂或销售公司工作。

我是专科学历，所以进了销售公司做主管会计。

2000 年，我已经在销售公司做了五年的主管会计。对于公司的核算、结算、应收账款、货币资金、存货和市场费用的管控，我都已经非常熟悉。考虑到自己对生产制造的成本核算一无所知，所以我打算跳槽。

跳槽时，我面临着一个问题，那就是对求职岗位来说，我之前所积累的工作经验一点用处也没有，属于完全没有经验。

期间，我面试了很多公司，结果都没有应聘成功。

功夫不负有心人。我找到了第二份工作——一家准备上市的国有企业（现在已经上市很多年了），这家公司是做高科技产品的。

第一次真正的面试经历

接到面试通知后，我精心准备了一番，按约定的时间来到这家公司。

到了公司，我发现有三四十名应聘人员，但是公司只招一位成本主管。

首先是笔试，笔试内容基本是 CPA 考试内容，这对我来说没有难度。

其次是上机操作，每人 10 分钟，录几笔会计分录。公司用的是用友 U8 财务软件，而我从未使用过这个软件，所以我不会做。

最后是初次面试。虽然我没有面试经验，但是我能感觉到面试官对我的回答颇为满意。

第二天，我接到了公司的复试通知。到了公司，我发现只剩下十几名应聘人员。负责复试的面试官是公司的财务经理和主管财务的副总。

在进行复试之前，公司的人力资源部的工作人员问道："我们看到您上机操作的成绩是零分，您当时是没有存盘还是怎么了？"

我如实地回答说："我没有使用过用友 U8 财务软件。但是我认为这只是操作的问题，只要给我时间，我很快就能学会。"

工作人员点了点头，没有再说什么。

后来，事实证明，我的这个理由说服了他们。

复试结束后，我觉得面试官对我挺满意的。

过了两天，我接到了公司的最终面试通知。

到了公司，我发现只剩下我和另一名应聘人员。负责最终面试的面试官是公司总经理。

在面试过程中，总经理没有问我专业方面的问题，问得更多的是思路和方向上的问题。

最终面试结束后，人力资源部的工作人员通知我们在会议室等待，马上就会出结果。

过了半个小时，人力资源部的工作人员来到会议室，对另一名应聘人员说："我们知道您很优秀，但是……"

我暗自窃喜，我知道自己成功了！

人力资源部的工作人员把另一名应聘人员送走后，回来对我说："恭喜，您是这次招聘的胜出者！"

人力资源部的工作人员对我说："那位应聘人员在成本管理方面很有经验，但是我们在综合比较之后，认为您的坦诚、自信及扎实的理论功底和良好的逻辑思维能力更胜一筹，最终打动了我们。我们相信您能很快上手工作，而且会有所突破。"

虽然我从来没有做过成本管理，也没有这方面的经验，但是我得到了成本主管的职位，为丰富和完善自己的工作经验迈出了很大的一步。

你没有必要担心自己的经验不足。

事在人为！

一波三折的第二次面试经历

在这家公司做了两年的成本主管后，我对生产成本的核算与管理流程都已经很熟悉了。因为我在这家公司看不到职业发展的希望，所以决定跳槽。

我这次面试的是一家饮料公司，职位是内部审计经理。

而此时我只有销售财务和生产制造成本这两个方面的财务经验，对内部审计一无所知。

这个职位可以丰富我在内控和内审方面的经验，增加我对风险的认识，同时我可以接触到公司各个职能的管理流程。所以，我非常看重这次机会。

到了公司，我发现应聘人员非常多。

首先是笔试，共有五道题。对于第一道题，我只记得给了很多数，要求根据这些数计算结果。

虽然给的数多，但是我感觉这些数之间并没有任何联系。我不知道怎么计算这道题。

所以，我跳过了第一道题，从第二道题开始做。后面的四道题比较简单，我很快就做完了。

离笔试结束还有一段时间，我开始做第一道题。

但是，我真的不知道第一道题应该怎么做，甚至怀疑这道题出错了。

我心里想，我不能空着就交卷。所以，我在卷子上写道："我认为这道题出错了，无法解答！"

不管结果如何，我要把自己的判断表达出来！

其次是面试。面试官是一位穿着粉红色裙子，看起来非常柔弱的女士。我心里一下子就轻松了许多，觉着今天的面试过程将会非常愉快。

她一开口说话，画风突变！

她哪里是一位柔弱的女士，明明是一个高冷的女强人！

她是一个外国人，所以普通话说得很不标准。

我简单地进行了自我介绍后，她问道："你没有内部审计经验，为什么还要参加面试？"

我回答说："我是没有内部审计经验，但这次是贵公司邀请我过来参加面试的。如果您对此有疑问，应该去问贵公司的人力资源部的工作人员，而不是来问我。"

她又问道："你的学历是大学专科，你觉得大学专科算大学吗？"

我回答说："我不知道大学专科算不算大学，但我的实际学历就是大学专科，我只是如实相告，至于您如何定义，那由您自己决定。"

后面，她问了我审计方面的问题。我对答如流。

在后面的面试过程中，她不时地提到我没有内部审计经验。我不耐烦地对她说："我是没有内部审计经验，但是我认为经验都是从零开始积累起来的。我有审计理论基础，而且我有很好的学习能力，只要公司给我机会，我相信我能在很短的时间内把工作做好！"

期间，我们就内审和外审的一些问题争论了很长时间。我心里想，她都这个态度了，我估计是来不了这家公司了，那就敞开辩论吧。这个职位我可以不要，但我要维护尊严，并且要证明我有这个能力！

临近面试结束，她问道："因为你没有内部审计经验，所以如果让你从审计员做起，你能接受吗？"

我果断拒绝。

过了几天，我接到了公司的复试通知。

当时我很惊讶。

复试安排在一家酒店的咖啡厅进行，面试官是一位中年男士。他也是一个外国人。

寒暄了两句后，他拿出了几页纸摆放在我面前。

我的笔试卷子。

他问道："第一道题的答案是不是你写的？"

我回答说："是我写的。"

他很生气地说道，"你知道吗？总共五道题，我就出了这一道题，你居然说它出错了，你什么意思？你为什么说它出错了？"

我用平和的语气回答说："这道题中虽然给了很多数，但是它们在逻辑上很难进行关联。也就是说，这道题无法计算。也许是我才疏学浅，不会做。如果是我判断错了，我可以以后去学。不管怎么样，我当时只是想把我的判断表达出来。”

他接着问道：“你要怎么学？”

我回答说：“看书、请教主管和老师、网上查询等。”

听我说完后，他的脸上露出了笑容。

“你的答案是正确的！这道题确实出错了，无解。”他说，“我用这道题考了很多人，但是像你这样敢于指出这道题出错了的人却很少。他们往往可以用这些数计算出不同的答案，我也不知道他们是怎么计算出来的。做内部审计，逻辑判断能力很重要。你没有内部审计经验没有关系，我可以教你，但是我不希望你一头扎进具体的事务中去，连基本的判断都没有，那你可能连方向都是错的，就像……”

“盲人摸象。”我赶紧补充道。

“对！”他赞许地看着我。

他对我说：“上次面试你的面试官是集团内部审计高级经理陈小姐，她觉得你虽然没有内部审计经验，但是你的逻辑思维能力很强。”

我知道，他们都是非常具有职业精神的人，都是就事论事。

我也知道，他们采用的面试方式叫作压力面试。

的确如此，内部审计在实际工作中面临的压力非常大。

临近复试结束，他说："我回去后会向集团副总报告，尽快安排你和集团副总见面，也就是最终面试。"

过了一个星期，我接到了公司打来的电话，通知我去昆明面见集团副总。集团副总的工作安排紧凑，无法到成都来面试我。

我按照约定的时间到达昆明，见到了集团副总。

集团副总是一位 60 岁左右的老人。他的衬衫雪白，裤缝笔挺，皮鞋擦得锃亮，头发梳得整齐。

面试过程很愉快，20 分钟左右就结束了。

临近最终面试结束，我问了他一个问题："公司有相关的专业学习或培训吗？"

他笑着回答说："公司有完善的培训体系，但年轻人，我告诉你，其实最好的培训是给别人做培训。"

当时我没有理解这句话的意思。

这么多年过去了，我慢慢地理解了这句话的意思。

他说得对。

最好的培训是给别人做培训！

再一次跳槽

2004 年，我在这家公司已经工作两年了，对内部审计工作已经很熟悉。

我打算离开这家公司，主要有以下两个原因。

一是因为公司离家太远。

当时本来谈好我可以留在成都工作，但是培训结束后，集团决定把我派到东北的工厂工作。

那次是我第一次去东北，虽然已经四月了，但是天气依然很冷。傍晚时，厂里行政部的工作人员把我从机场接到公寓后就离开了。后来，我到大街上转了转，顺便吃个晚饭。因为人生地不熟，我怕找不到回公寓的路，所以我沿着街道直着走。

走进一家饭店后，我点了两菜一汤。菜一端上来我就懵了，菜量真大，我估计一个菜都吃不完。

饭店老板见我是外地人，对我说：“小伙子，以后你一个人吃饭可以点小份儿，我们这边菜量大。”

……

当时的场景历历在目，仍令我感慨。

在东北的工厂工作心情还是很愉悦的，我也很喜欢当地的风土人情，但就是离家太远。

二是因为工作没有成就感。

这家公司很规范，各项管理制度非常完善。因为公司的治理机制能够防范和规避很多风险，所以内部审计更多的是起到监督和震慑的作用。

这让我觉得工作没有成就感。

我除了刚到工厂里时抓了几个大的舞弊案，后面基本都是例行公事。

做内部审计难的是，你通过一种方法查出了问题，但同时对方也知道了你的套路，下次再想查出问题就更难了，正所谓“道高一尺，魔高一丈”。

另外，在公司里，我们都是职业经理人，一切行事对错都以标准作业程序或各种指引为标准。有时候，我虽然觉得对方可能有问题，但却拿不出白纸黑字的证据，因为他在程序上做得完全符合要求，你也说不出什么。

那种感觉真的令我很不舒服。

> 与其看着别人做，不如自己做执行者。

基于以上两个原因，我决定离职！

最后一次面试经历

这次我应聘的是一家外资企业集团子公司，职位是财务经理。

面试的地点是这家集团的成都销售公司。

初次面试的面试官是两位女士。她们对我说："这次招聘由总部财务部负责。"

我觉得他们对这次招聘十分重视。

在面试过程中，她们问了我一些关于会计核算、内部控制和财务管理流程方面的问题。我对答如流。

她们问道："你是否做过银行融资？"

我坦诚地回答说："没有。"

她们又问道："如果需要你做银行融资，你将如何开展工作？"

我回答说："我确实没有做过银行融资，所以对于具体的流程不是很清楚。银行融资应该更多的是靠公司的实力，而且银行在信贷方面应该有完善的流程，我会尽快地去学习和熟悉这些流程。"

她们点了点头，没有再说什么。

面试结束后，我觉得她们对我的面试表现非常满意。

过了几天，我接到了公司的复试通知。

面试官是这家公司的财务总经理，也是我后来的直属领导彭总。

在面试过程中，她问了我以下三个问题。

第一个问题，财务人员最重要的是什么？

我的回答是，我觉得财务人员最重要的是品质。人无才，可以学，可以教；人无品，就是从根上变坏了，本领越大，对公司的祸害越大。

> 财务人员每天与金钱打交道，如果人品不好，那将是很可怕的事。

第二个问题，虽然分管子公司的财务负责人大多是总部派过去的，但他们也要接受当地公司总经理的领导，你怎么解决有时可能会出现的矛盾冲突？

我的回答是，财务负责人委派制是为了保证集团在财务管理上的统一性，业务职能上要对总部负责，但是这并不是说财务负责人就是“钦差大臣”，对业务单位提出的任何问题，只要和总部规定不一致就直接说不。如果那样，管理就简单了，直接用计算机控制就可以了，何必要派人去？派人去就是要与对方沟通的。财务负责人要积极地了解和熟悉当地公司的业务及运营模式，协助公司总经理解决各种问题。

有时候，公司总经理提出不合规的要求，并不是他想违规，或许因为他不知道总部的相关规定，财务负责人向他解释清楚就可以了。如果公司总经理明知故犯，而且违规可能造成的风险远超他的权限范围，必须坚决抵制！

第三个问题，财务在公司的目标和作用是什么？

我的回答是，在公司的不同发展阶段，财务的目标和作用是不同的。

在公司发展扩张期，财务应该是助推器，保障公司高速发展所需的资金，协助理顺和推动公司业务的发展。

在公司发展成熟期，财务应该是“守门神”，健全、完善公司的各项内部控制标准，避免贪污浪费；利用财务分析工具，协助公司管理层向内部挖潜，寻找机会点。

总之，财务做好了，作用非常大！

面试过程很愉快。

面试结束后，我问道：“何时能知道结果？”

她回答说：“这么告诉你吧，我对你很感兴趣！”

我成功了！

以上就是我的面试和跳槽经历。每个人所面临的情况都不尽相同，但很多原则和道理是相通的，希望我的这些经历能对求职和打算跳槽的朋友有帮助。

另外，我在总结自己被面试和面试别人的众多经验基础上，在腾讯课堂推出了“财会人员求职面试技巧专题”，里面分享了在求职面试过程中应该注意的一些细节和事项。

本章金句：

- 你没有必要担心自己的经验不足。事在人为！
- 经验都是从零开始积累起来的。
- 最好的培训是给别人做培训！

读书笔记

我的成长小目标

Chapter 04

第 4 章

职场领路人

在23年的财务工作过程中，我接触了很多领导，他们有的严厉，有的和蔼；有的正直无私，有的没有那么光明磊落；有的能力出众，有的业绩平平。不管怎么说，他们都是我职场经历中的宝贵财富，我对他们满怀感恩之心。

本章将讲述对我影响和帮助最大的四位职场领路人。

职场领路人一——
某食品销售公司财务总监
金小姐

第一次见到金小姐，是在我入职这家公司半年后。

当时我们公司与国外一家公司开展合作，金小姐是那家公司派驻到我们公司的财务总监。

之所以感谢金小姐，是因为她教会了我做事严谨和履约守时。

这么多年过去了，我依然深刻地记得当年的两件事情。

第一件事情是金小姐教会了我做事严谨。

有一次，我把报表做好了，但是因为尾差原因，导致存货的数量虽然为零，金额却为负数。

其实在结账时我就发现了这个问题，但我当时想着下个月再调整过来就行了。

结果，报表传回总部的当天，金小姐就给我打来电话。

电话里，她很生气地问道："为什么报表里会出现金额为负数的情况？"

我回答说："这是因为尾差造成的，而且金额不大，所以打算下个月再调整过来。"

她又问道："下个月？下个月还会有下个月！你要拖到何时？"

我回答说："金小姐，我的全套报表都已经做好了，没有办法改了，您看……"

她说道："谁说报表做好了就不能改？我不管你怎么做，今天晚上必须把这个错误改正过来！"

她"啪"地挂断了电话，我手拿着电话听筒站在原地发愣。

当时我真的觉得自己挺委屈的。

后来，我把报表中涉及尾差的部分调整过来，又重新做了一遍报表。

当天晚上我就把修改后的报表传回了总部。

第二天早上，我拨通了金小姐的电话。

我对她说："金小姐，报表我已经改好了，对不起。"

"我已经看到报表了，谢谢。你不要向我道歉，"她和气地对我说，

> **"做财务工作一定不要拖，发现有错误的地方要马上改正过来，这样才能养成严谨、良好的职业习惯"。**

从那时起，我暗下决心，做事情必须日事日清！

第二件事情是金小姐教会了我履约守时。

1997 年，我开始使用 Windows 操作系统的 Office 软件办公。

我觉得 Office 软件非常好，尤其是 Excel，鼠标一拖就可以计算出结果，既快又准确，我再也不用为做报表而烦恼了。

计算机买回来的当月，我就开始用 Excel 做报表。

报表做出来后，我心里非常高兴，这可比手工做得漂

亮多了。

报表传回总部后，金小姐给我打来电话，说："你开始用 Excel 做表了？这很好！但是，我觉得你使用得不是很熟练，下次你来总部时我教你。"

后来我去总部开会，见到了金小姐，她问道："你何时有时间？我教你 Excel 的使用技巧。"

我心想第二天开完会就没事了，就随口回答说："明天上午。"

当时我根本没有意识到当天是星期五。

晚上我才想起来，第二天是星期六。我心想金小姐星期六应该不会去公司上班。所以，我星期六没有去公司。

星期一早上我刚到公司，一位主管责备我说："你星期六怎么没有来公司啊？金小姐在这儿等了你一天！"

我回答说："啊？我以为金小姐星期六不会来公司上班。"

那位主管说："这你就不了解金小姐了，约好的时间她一定会严格遵守。你赶紧去向她道歉吧。"

我赶紧往金小姐的办公室跑去。见到金小姐后，我小心翼翼地说:“对不起，金小姐，我以为您星期六不会来公司上班。”

我的声音有些颤抖。

“没关系。既然和你约好了时间，我怎么会不来公司呢？”她说，

“凡是和别人约好了时间，一定要遵守，并且准时到”。

我不停地点头，心里既惭愧又感动。

从那时起，不管是开会、约见还是处理事情，只要是事先安排好的行程，我都会提前到；实在不能按时到的，我会提前与对方重新约定时间。

履约守时，既是对别人的尊重，也是自身素质的表现！

金小姐除了教会我做事严谨和履约守时，她还让我认识到了能力带来的价值。

1995 年，我的工资是每个月 1 000 多元。两年后，我的工资涨到了 2 000 多元。我估计当时金小姐的工资会更高。

1998年，我们公司筹备上市。所以，与我们公司合作的那家国外公司要退出。这意味着金小姐要离开我们公司了。

在一次工作会议上，公司领导感慨地说："你们知道什么是人才的价值吗？你们都认识金小姐，现在因为外方退出，她要离开我们公司了。我想挽留金小姐在我们公司里工作，可是我给她80万元的年薪都留不住她！"

领导接着说道："我为什么要给她这么多钱？因为她值这么多钱！这就是人才的价值！她的才能大家是有目共睹的，除此之外，更可贵的是她的职业精神！她是外方请来的，我不是她的领导，她的领导远在国外。也就是说，她的领导不会每天盯着她工作。你们都看到了，她每天是怎么做事的？我敢说她比在座的任何人都努力、勤奋。"

我们都惭愧地低下了头。

金小姐也就30多岁，可以获得领导极高的评价，给出这么高的年薪都留不住她，这说明什么？说明她有能力、有本事、有傲气、有底气！

我有什么呢？

我为什么不能达到这种地步呢?

我不能再浑浑噩噩地生活和工作下去了!

我非常感谢金小姐。

职场领路人二——
某食品销售公司销售中心财务部刘部长

刘部长是公司领导的同学，以前在银行工作。公司领导的嗅觉很敏锐，视野广阔，他并没有被公司目前取得的成绩冲昏头脑，而是在形势一片大好的情况下，开始冷静地思考如何完善和规范管理，所以他请来了自己的同学，成立了销售中心财务部，任命她为部长。

总公司财务部负责核算，销售中心财务部负责销售公司的财务管理。

刘部长在上任后首先提出了资金流和货物流的概念，两个流向相向而行，但它们都必须清晰明了。

刘部长主要采取了以下五个管控措施：

（1）建立并严格执行收支两条线制度；

（2）取消并禁止设立私人账户，货款全部汇入公司账户；

（3）对在途资金实行逐笔监控；

（4）建立应收账款的信用管控政策；

（5）建立销售的滚动预测制度。

这些管控措施击中了销售公司当时的问题所在，而且思路清晰、措施正确。

管控措施出台以后，在销售公司内部引起了轩然大波。

销售公司经理认为自己为公司立下了汗马功劳，中间又没有出现过问题，现在突然由一个“空降兵”来管自己，他们不服。

于是，抵抗开始了！

抵抗的第一步，是销售公司经理让财务人员不要理会那些要求。这招软抵抗起初很有效。

刘部长见招拆招，直接通过人事部把销售公司财务人员的考核权全部收到销售中心财务部。

考核不达标，扣绩效奖金；考核再不达标，走人！

这下没有人敢不听话，毕竟他们不会和自己的工作过不去。

抵抗的第二步，是销售公司经理亲自上阵，向公司领导投诉。

销售公司经理对公司领导说：“业务人员每天在外面辛苦地跑订单，财务人员却舒舒服服地坐在办公室里。他们在不了解市场情况下就武断地不给客户发货，导致客户怨声载道。如果不是业务人员做客户的工作，客户都要去买竞争对手的产品了。”

公司领导回答说：

“你们反映的情况我知道了。你们这是为公司的销售好。财务那里，也是我要求他们要控制风险的。你们两边并不冲突，目标是一致的，就是健康地扩大我们的销售。”

“你们说财务人员不了解市场情况，他们肯定不如你们了解得多，你们在第一线。但是做事情必须有标准，所以财务人员也是要定标准的。”

“至于如何解决标准和你们需求之间的差距矛盾，我看这样，既然你们对市场和客户的情况比较熟悉，那么可以按你们的要求给客户提高赊账额度。但是，你们要拿出一些资产放在公司做抵押，如果出现问题，就先处置你们的资产，其余损失由公司承担。”

销售公司经理听完就愣住了，真是“搬起石头砸自己的脚”！

自此，销售公司经理再也不谈影响销售的事情了。

抵抗失败，管控措施顺利推行。

经过两年的财务整顿，销售公司在经营管理方面上升了一个台阶。具体体现在以下六个方面。

（1）销量不仅未减，而且有所提升。

（2）费用乱开支、乱坐支现象没有了。这主要是收支两条线制度的功劳。

（3）货款回笼速度非常快。销售公司再也不会出现大量资金闲置情况。

（4）取消了销售公司私人账户，既提升了资金流动效率，也避免了舞弊行为的发生。

（5）在途资金全在监控之中，保证了在途资金的安全。

（6）实行滚动预测后，销售公司在销售预测的随意性方面受到很大约束，预测越来越准确，避免了产销不对路、产品积压或降价处理等问题。

坦诚地说，那两年是我对财务管理认识更加深刻的两年。如果说以前我只是学会了记账，那么从那时起我真正开始学会管理了。

这些管控措施给公司带来的价值如此之大，足以令我震撼！

除了能看到的经济效益，更有价值的是刘部长培养出了一支风清气正、积极向上、高专业水平的财务团队。

这种团队的价值不是用金钱可以衡量的，因为他们一旦裂变开来，那将是一股势不可挡、不可估量的宏大力量！

> 故，为帅为将者，除了专业能力，还必须学会组建和培养团队，这才是最大的能力所在！

谢谢您，刘部长！

职场领路人三——某饮料公司内部审计高级经理陈小姐

陈小姐那时三十六七岁，身材瘦小，戴着一副眼镜，看上去很柔弱。

实际上，她是一位非常强硬、高冷、极具职业精神的女强人。

陈小姐是马来西亚华人，之前一直在国外读书和工作，所以普通话说得不标准。

从陈小姐身上，我学会了如何换位思考、如何深入思考、如何认清问题的本质、如何简洁清晰地描述问题，并认识到了什么是严谨到极致。

这些所学看似和专业技能无关，但却带给我管理和沟通能力上的提升。

在入职第一天的培训工作会议上，陈小姐告诉我们："如果你们认为内部审计就像'钦差大臣'，只是到处看、挑别人的错，自己没有责任，那我告诉你们，你们会直接被我开除！如果是这样，那么内部审计的价值何在，内部审计人员的价值何在？既然没有价值，我们就应该被开除，这样起码还可以减少公司的浪费！"

陈小姐说这样的狠话我能理解，她其实是在警告我们，如果我们做得不好，就会被公司开除。

正式培训开始，陈小姐让她的秘书给我们拿来几本集团的标准作业程序（Standard Operating Procedure，SOP），让我们对着 SOP 做审计检查清单。

审计检查清单是针对审计项目制定检查指引。在这份清单中，要把审计项目涉及的可能的全部风险点一一列出来，并且要指出这些风险点可能造成的危害和后果。

陈小姐之所以让我们做审计检查清单，一方面是让我们熟悉集团的 SOP，另一方面是培训我们如何找风险点。

两天后，我们把完成的初稿交给了陈小姐。

陈小姐连看都没看，直接问道：“这份 SOP 你们都了解清楚了吗？”

我们点头说：“了解清楚了。”

陈小姐接着说：“好，你们告诉我，为什么会有这份 SOP？按照这份 SOP 的要求，将由什么人在什么时间、什么地点采取什么措施进行操作？如何进行操作？”

我们当时哑口无言。我们只顾着一条一条地看 SOP 的规定，一条一条地对照着做检查项目，并没有想这么多。

其实，陈小姐问的是管理学上的 5W1H 法。

当时我们并不懂这些。

陈小姐解释说：“5W1H 是指五个 W 开头的单词和一个 H 开头的单词，即 Why、Who、When、Where、What 和 How，把这些单词连起来就是我上面的问题。只要把这些要素弄明白了，一件事情的整体结构也就出来了。5W1H 法对于完整地把握一件事情是有好处的，而且审计报告通常也需要包含这些要素。”

陈小姐接着说：“做内部审计，要先把整体脉络理清楚，然后进行细节分析。现在你们重新阅读SOP，按照这个方法找出这些要素，再看看你们的审计检查清单用不用做修改。”

我们连忙点头。

陈小姐临走时说：“明天一早，你们再来找我讨论。”

看来今晚只能加班了。

按照陈小姐的要求，我们重新梳理了几遍SOP。慢慢地，我们开始体会到了5W1H法的奥妙。

这份SOP现在在我们的头脑中已不再是干巴巴的文字和生硬的规定，整体脉络逐渐变得生动和清晰起来。之后，我们把审计检查清单做了修改，包括风险点、风险点的影响及风险点的改善措施。

讨论、修改、争论，不断地重复着。

办公室墙上的时钟慢慢地指向了夜里12点。

我们虽然很累，但收获满满，明天可以有信心地面对陈小姐了！

第二天一早，我们准时来到陈小姐的办公室。

我们端坐在她的办公桌前，陈小姐看着我们交给她的资料。

过了一会儿，陈小姐放下手里的资料，对我们说：“走，去隔壁会议室。”

随后，我们跟着陈小姐来到了会议室。

陈小姐好像已经忘记了昨天让我们做的事情，开始给我们讲内部审计的知识和集团内部审计的要求，如内部审计的类型、如何制订年度审计计划、如何进行控制测试和实质性测试、集团的内审报告格式和报告要素、如何进行跟进审计、如何与被审计单位沟通等。

满满都是干货！

整整一个上午，她都在给我们讲。

说实话，我们都觉得她挺辛苦的。

下午，陈小姐让她的秘书拿来一些审计报告和审计工作底稿，让我们学习。

陈小姐对我们说：“做内部审计，不像做会计或外部审计有严格的标准可以遵循。要想做好内部审计，必须勤思考，而且要学会换位思考，凡事多问几个为什么。只有站在对方的角度思考问题，你才能感悟对方是怎么想的、怎么做的，这样才能提高与对方沟通的效率。”

> 只有凡事多问几个为什么，然后自己去尝试回答，再用逻辑和事实判断答案是否正确，才能更加深入地认识和发现事情的本质，不被表面现象所蒙蔽。

太精辟了！

临近下班，陈小姐对我们说：“你们今天早些回去休息，我知道你们昨天加班到很晚。”

她停顿了一下，又补充道：“你们的审计检查清单还需要修改，明天我让秘书拿正式的审计检查清单给你们做参考。这两天你们消化一下我今天讲的内容，然后你们去做两个项目的模拟审计。”一周内出审计报告拿给我看。

苦日子还在后面！

一个月的培训结束后，我被派到了东北的工厂工作。

虽然培训了一个月，但是真的开始做起来时还是有些困难。

我记得第一次给陈小姐发邮件，就被她批评了好久。

我当时给陈小姐发了一张电子表，发之前我反复看了很多遍数据，确认结果是正确的、没问题了才发给她。

发过去几分钟后，我就接到了陈小姐打来的电话。

电话里陈小姐问道："你就发这样的电子表给我？"

我回答说："对不起，陈小姐，表有什么问题吗？"

陈小姐说："发之前，你看过表了吗？"

我回答说："我看过表了，结果没有问题。"

陈小姐说："我没有问你结果！"

我小心翼翼地问道："那是……"

陈小姐说："你肯定没有预览过表的格式！"

我赶紧打开打印预览，表都分到两页上了，而且页眉、页脚和边距等格式都不对。

我连忙说："对不起，陈小姐，我马上调整表的格式。"

陈小姐说："做审计除了要专业，这些日常工作的严谨性也必须注意！"

陈小姐说完便挂断了电话。

每次给陈小姐发审计报告，我心里都会忐忑不安，被她批评是肯定的。即使是标点符号错了也会被她批评，更不要说有错别字了。一份审计报告被她退回修改七八次是很正常的，最多的一次，我记得审计报告草稿的编号都到了第十一次。（每修改一次都要保留前一稿，这样未定稿的报告就会按照顺序一直排下来。等到定稿报告发出后，陈小姐会让我们再从头看一遍修改过程，这个过程确实很好。）

陈小姐每次都会在审计报告上用红笔标出要修改的内容，退回让我修改。有时改得我都烦了，她还是会坚持，直到她认可为止。

随着我慢慢成长，逐渐知道了这是严谨的职业习惯使然。

经过陈小姐的严格培训和自己半年多的努力，我已经基本适应了内部审计工作，对审计程序的实施、风险点的评估与把握、审计报告的撰写及审计沟通等都越来越得心应手。再加上自己对销售公司的操作已经非常熟悉，对工厂的运营也比较了解，所以内部审计工作开展得很顺利。

在内部审计方面，我已经从一个门外汉蜕变成了一个专业人士。没有陈小姐的鞭策和无私指导，我是不可能达到的！

衷心感谢，陈小姐！

职业领路人四——某外资企业中国区副总裁兼财务总经理彭总

从彭总的身上，我认识到了财务预警的重大意义。

2006年开始，次贷危机这个名词逐渐被大家熟悉。

当时大家都认为次贷危机离自己很遥远，毕竟那是国外的事情，而我国的房地产市场正如火如荼。

2007年下半年，次贷危机已经对国际金融产生了巨大影响，波及了很多国家。

我国为了防止出现次贷危机，抑制房地产泡沫，陆续出台了一些房地产调控措施，不断提高银行存款准备金率，不断收紧银根。

市场上的资金越收越紧！

从那时起，彭总带领我们开始密切关注国际金融的变化。

那段时间，彭总每周都会召集财务主管开会，汇集各公司的生产经营及资金情况，分析形势，研究对策。

这种局面，各公司总经理自然知道，在如何应对这种局面、如何提升经营业绩方面，他们有自己的考虑。

他们认为，这种局面是暂时的。要提高公司的经营业绩和竞争力，需要向公司内部挖潜。其中，主要措施是增加投资和进行技术改造。毕竟，在外部市场疲软的情况下提高售价是很困难的。但是，如果可以大幅度地降低成本，那么对提升企业的效益会有很大的帮助。

总裁同意了各公司总经理的意见。对于一些比较急的项目，总裁批准后，便开始动工。

2007 年 11 月，彭总带领我们汇总出各公司申报的 2008 年资本性支出预算，总金额高达 100 多亿元！

从经营管理层面来说，增加投资或进行技术改造，以提升生产、运营效率，从而降低成本，这没有错。但是，这种做法没有充分考虑当时的金融环境，只是将目光着眼于公司内部。

拿到这份预算后，彭总带领我们商讨了两天，结合2008年的经营预算和现金流预算，做了好几版的压力测试。最后，我们得出的结论是，必须向总裁谏言，大规模压缩资本性支出。

2007年12月，总裁组织召开了集团中国区经营管理会议，我跟随彭总参加了此次会议。

会上，彭总拿出了我们事前准备的报告，开始讲述。从国际金融环境到我国目前的货币政策，从经营业绩到现金流预测，从汇总的资本性支出预算到我们所做的几版压力测试……最后呈出结论：不仅不能增加投资，而且要压缩资本性支出！

很多总经理直接表示反对，他们慷慨陈词、义愤填膺，认为我们故意夸大风险，不挑战、不作为，甚至有人说出了“财务不可以阻碍企业发展”的言论。

虽然会议室里坐满了人，但我能明显感觉到彭总的孤单。

面对多位总经理的指责，彭总一直保持着克制和冷静。她并没有与他们争吵，只是将一份整理好的报告交给了总裁。

总裁面沉似水，没有说话。

第二天早上 7点，我接到了彭总的秘书打来的电话。

秘书说："今早 8点总裁组织召开财务主管会议，请你 7点50 分到会议室做好准备，不要迟到。"

我匆匆忙忙赶到公司，这时还不到 7点40 分。

早上 7点50 分，总裁走进会议室，我们全体起立，向总裁致意。总裁挥挥手，示意我们坐下。

总裁说："昨天彭总的报告对我的震动很大，从昨晚到今早，我一直在考虑这个问题。今早召开财务主管会议，是想听听你们更详细的分析过程，以便我做决策。"

彭总看了我一眼，我胸有成竹地点点头，走到台前，打开 PPT，开始向总裁讲述分析过程。

总裁认真地听着，不时会打断我，对一些细节进行更深入的追问。对于总裁的问题，我一一详细作答，有时彭总会进行一些补充。

临近中午，总裁做最后的总结发言：

“我们企业的经营现在遇到了一些困难，这就像是在行进中遇到了黑暗。但是我们要弄清楚，这种黑暗是黎明之前最黑的时候还是夜幕刚刚降临。这一点非常重要，对我们的决策方向影响很大。”

“你们的分析报告很好，给我敲响了警钟。但是，我们这么大的企业运营，就像是行驶在高速公路上的汽车，如果猛踩刹车，就有可能会车毁人亡，企业也可能会‘猝死’。”

“你们现在提示得早，这很好，我们还有足够的时间、足够的财力进行调整，从而保证企业这辆汽车既不会速度过快失控，也不会因猛踩刹车翻车。”

“现在新的资本性支出我都不会再批，同时请你们清查一下已经动工项目的进展情况，让他们把进度放慢一点。但是，你们也要想办法保证已经动工项目的资金需求，否则一旦违约，我们的损失会很大。”

彭总说道：“请您放心，这是我们财务的责任，我们会想尽一切办法克服困难。”

总裁点了点头，接着说道：“你们的这种分析要继续，而且每个月都要向我汇报。如果情况紧急，你们可以随时向我汇报。”

经过我们的清查和审核，2008 年集团中国区的资本性支出预算被大规模地压缩到了 30 多亿元！

说到这里，我有必要帮助大家回顾一下 2007 年我国的金融情况。

总的来说，2007 年是我国经济繁荣的一年。

标志性事件就是上证指数达到了 6 000 点，而认为年底可以冲到 10 000 点的论调更是充斥于耳。当时国内可以说是全民炒股、全民赚钱。一夜之间，人人似乎都成了资本运作高手，个个脸上都洋溢着兴奋的光芒。

相应地，消费者物价指数（Consumer Price Index，CPI）也在节节攀升，达到 6% 以上。

在这种举世狂欢的背景下，财务负责人却提出风险预警警示。

资本性支出压缩成功，让我们松了一口气，但后续的紧张却并没有消除。

2007 年 12 月，中央经济工作会议召开。针对过热的经济现状和通货膨胀，国家改变了实行多年的稳健货币政策，改为从紧的货币政策。

事实上，从 2007 年第四季度开始，银行融资已经收紧了很多。

中央经济工作会议确定的方向印证了我们的预测，未来一年一定是一个“现金为王”的时代。

2008 年 1 月，南方大雪，这对我们的物流运输产生了很大影响，经营业绩雪上加霜。

同月，中国人民银行宣布提高银行存款准备金率 0.5 个百分点。

2 月，中国人民银行重申，从紧的货币政策不会改变，防通胀仍是当前的主要任务。

3 月，中国人民银行再次宣布提高银行存款准备金率 0.5 个百分点。

……

期间，彭总每隔两三天就会和我们分析当前的金融情况和公司的财务资金状况。

彭总对我们说：“按照这种情况发展下去肯定是不行的，

我们需要再次向总裁提建议，要再压缩资本性支出。”

彭总说道：“不管总裁和各公司总经理会不会责怪我们，这个建议必须提。如果是我们判断错了，我来承担全部责任。但是，如果我们现在不提，任其发展下去，等到无力挽回时，我们就是公司的罪人！”

我们一致赞成！

当天，我们拟定了一份关于继续压缩资本性支出的申请，同时附上分析报告，准备一起发送给总裁。

签字时，彭总在报告上写道：“这是我们慎重研究后的建议，请总裁考虑。”

一个星期过去了，总裁没有回复；两个星期过去了，总裁还是没有回复。

我们知道，这个决定对总裁来说肯定是非常痛苦的。

在上次大规模压缩了 70 亿元后，剩下的项目基本都是正在进行或必须进行的，这时如果停下来，一是前期的投入起不到任何作用，形成浪费；二是会面临违约责任，公司可能要承担施工单位或供应商的违约索赔。

时间一天天过去了，彭总很着急。

4 月，中国人民银行再次宣布提高存款准备金率 0.5 个百分点。

这则消息出来的当天，我们收到了总裁的回复："同意！请彭总组织实施！"

接到总裁的"尚方宝剑"后，我们立即组织召开了工作会议。会上，彭总向各公司总经理介绍了当前的金融形势和我们的分析过程，同时传达了总裁的指示。

我们按计划谈了相关资本性支出的控制措施，该暂停的暂停，该放慢的放慢，该延期的延期。各公司总经理虽然不愿意，但是一则有总裁的明令，二则发现我们对项目进度状况很熟悉，也辩论不出什么，只好各自保留意见。

会议结束后，我们将会议讨论结果报告给了总裁。

总裁很快回复道："同意！"

这一次，我们把 2008 年的资本性支出压缩到了 10 亿元以内。

2008 年 5 月 12 日，是一个国人永远难忘的日子。

四川汶川发生大地震！

5 月 13 日，总裁亲自打来电话，要求彭总立即向灾区捐款 2 000 万元。

按照总裁的要求做完了这件事，大家心里都暖暖的。

那段时间，举国悲痛，哀伤笼罩着整个华夏大地。

6 月，中国人民银行再次宣布提高银行存款准备金率 1 个百分点。

虽然公司业绩还在下滑，但是因为资本性支出减少了很多，所以正常的经营现金有保障了。

同月，采购中心提出建议，鉴于 2008 年北京奥运会即将来临，北方地区货物运输很可能会受到很大影响，因此煤炭的价格预计会大幅上涨，建议各工厂现在储备一批煤炭，以应对变化。

总裁要求采购中心与财务部先行商量，看资金上是否能够支持。

采购中心给出的预算是五六亿元！

我们肯定不会同意！他们反复地磨，我们就是不松口。

最后，他们撂下一句话："我们现在已经告知了你们，如果后续因此发生工厂断料停产或是煤炭价格大幅上涨，你们要承担全部责任！"

在这种情况下，彭总的压力更大，因为她是财务负责人，如果以后真的出现问题，板子肯定会第一个打到她身上。

我们现在所做的一切只是基于预测、预判！

万一错了呢？

除了大规模地压缩资本性支出，我们在流动资产方面也做了大量的优化：

（1）原料采购库存周期不允许过长；

（2）采购付款结算尽量采用远期方式；

（3）增加半成品生产量，减少产成品库存；

（4）加强应收账款的逾期管控；

（5）给予客户适当的折扣政策，促进货款的提前回收；

……

经过几个月的努力，我们的安全资金储备终于达到了计划的水平！

9 月，一个令人震惊的消息传来：建立 100 多年的美国第四大投资银行——雷曼兄弟公司提出了破产申请。其引起的连锁反应更是超出了人们的想象：

（1）全球股市暴跌；

（2）全球大宗物资价格暴跌；

（3）一场由美国次贷危机引起的金融风暴席卷全球；

……

9 月底，总裁组织召开了财务工作会议。会上，总裁在得知我们的资金储备和经营现金流情况后很高兴。

总裁说：“虽然现在金融危机爆发了，但是我们不怕，因为我们手上已经储备了足够的资金，这些资金足以保证我们可以度过漫长的黑夜，最后迎来光明的前景！我相信我们一定能够笑到最后，而最终我们将战胜一切竞争对手！”

总裁转头看向彭总，赞许道：“事实证明，彭总，你和你的财务团队是最棒的！”

总裁对我们竖起了大拇指！

我们全体起立，热烈鼓掌，感谢总裁对我们的鼓励和认可，也感谢彭总带领我们一路坚定地走过来！

10 月，各公司 9 月的经营业绩报告出来了。总裁组织召开了经营管理会议。

受金融危机的影响，各公司9月的经营业绩惨不忍睹。出人意料地，总裁没有生气。即便如此，各公司总经理还是战战兢兢。

总裁说：“中国还从来没有经历过真正的金融危机，所以大家都不知道金融危机的可怕，甚至觉得这种事情在中国不可能发生。但是这一次，我看是躲不掉了。”

“我经历过20世纪90年代的东南亚金融危机，那真的像海啸，瞬间可以吞没一切！”总裁继续说，“彭总去年和今年一再向我预警，老实说，当时我也犹豫过，也怀疑过，不相信会有这么严重的后果。但是想到上次金融风暴带来的灾难，最终我还是同意了。”

“现在，金融危机爆发了，谁都看见了，不用再犹豫，也不用再怀疑！我们现在假想一下，如果当时我们没有听从彭总的建议，继续增加投资，购买大量煤炭，现在我们还能坐在这里安安稳稳地开会吗？早就破产了！”

“经营业绩不好，我可以接受，胜败乃兵家常事，这很正常。但是，你们在此期间对彭总的责难和非议有多少，你们自己心里很清楚，连我都听到了一些！如果你们气量如此小，那么你们根本不配做总经理！”

各公司总经理都惭愧地低下了头。

“彭总这次为公司立了大功，而且是顶着各种压力和抱怨立下的。”总裁站起来说，“我提议，让我们为彭总鼓掌，表达我们的谢意和敬意！”

彭总急忙起身说道：“总裁，您过奖了，这本来就是我们应该做的。”

谢谢总裁给予我们广阔的舞台，并鼓励我们在合法合规的前提下积极创新；谢谢彭总作为领头人所起的引领和榜样作用，让我学会了作为财务负责人所应当具备的高度、视野和担当。

从彭总的身上，我学会了执着与坚守。

2009 年，虽然经济已经有所好转，但是彭总却开始在考虑另一个问题——调整公司的债务结构。

我们公司的规模虽然很大，但是没有上市。2007 年，曾有计划将下属工厂打包做首次公开幕股（Initial Public Offering，IPO），股份制改造等都已经完成了，但受 2008 年金融危机的影响，这个计划就搁浅了。

后来，虽然IPO闸门重启，但是考虑到A股当时的整体市盈率偏低，相对于IPO的成本及后续的分红、信息披露等不太经济，所以就没有再实行IPO的计划。

我们公司的主要资金来源有两个：一是股东的资本金投入；二是债务融资。

2008年，应我们的要求，总裁向国内公司做了几次增资，降低了公司的资产负债率，保障了公司的资金安全。我们公司的债务融资在此之前基本是向银行融资。

银行融资的优势是可以办理的机构多，手续简便，能满足企业生产经营的基本需要。其劣势是：容易受国家宏观调控的影响；期限短，通常都在一年以内；属于间接融资，成本高。

彭总思考的债务结构调整，就是要把一部分短期的、成本高的银行融资置换成长期的、成本低的其他融资方式。

但是，怎么做呢？

2008年金融危机之后的股票市场虽然哀鸿遍野，一片狼藉，但是债券市场却悄然兴起。

虽然同为债券，但是国内面向企业的债券市场却可以细分为以下三种。

（1）公司债：由中国证券监督管理委员会主管，原本只有上市公司才可以发行，后来放宽到非上市公司也可以发行。

（2）企业债：由中华人民共和国国家发展和改革委员会主管，所有有项目建设发展需要的企业都可以申请发行。

（3）短期融资券和中期票据：由中国人民银行主管，所有符合条件的企业都可以申请发行。

经过政策研读，彭总决定申请发行中期票据。

中期票据是由中国人民银行授权中国银行间市场交易商协会审核注册的、非银行金融机构发行的、在银行间交易市场交易的债券。票据期限在一年以上，票面利率一般低于同期银行贷款 1 ～ 2 个百分点。

当时中期票据对发行企业的准入门槛要求是：

（1）企业是独立法人；

（2）有连续三年的财务报表；

（3）最近一年是盈利的；

（4）有稳定的偿债来源；

（5）发行金额不超过净资产的40%。

大多数企业都符合这五个条件。

如果真这么想，就错了！

实际上，中期票据在2008年下半年推出时，只有信用评级为AAA级的中央企业才可以发行。其他企业，就连地方国有企业都不可以，更不要说其他性质的企业了。

彭总下定决心后，总部财务部随即成立了专门的项目小组，同时将此项目向总裁做了申请汇报。

总裁欣然同意。

总裁语重心长地对彭总说："你们有这种挑战精神固然很好，但是这个项目现在看起来难度很大。你们尽力而为，成功了，我为你们庆功！失败了，我也不会责怪你们。"

总裁真的是一位好领导，严厉又不失温情。我能够追随这样一位企业领袖，经常聆听他的教诲，是我的幸运。

彭总设定的具体目标更具有挑战性：

（1）金额：50亿元；

（2）期限：五年。

也就是说，我们公司要通过发行五年期的 50 亿元中期票据来补充集团流动资金和置换银行贷款。

> 号角已经吹响，一切蓄势待发。

当时发行中期票据的流程如下。

（1）选定承销商。在承销商的指导下，制作募集说明书，准备申请资料。

（2）选定评级公司。评级公司做尽职调查，并出具企业信用评级报告。

（3）选定会计师事务所。会计师事务所对企业的财务报表进行审计，并出具审计报告。

（4）选定律师事务所。律师事务所做尽职调查，并出具法律意见书。

（5）根据以上报告，完善募集说明书和申请资料，然后将其报中国银行间市场交易商协会审核。

（6）审核通过，领取注册通知书；审核未通过，根据审核提出的问题补充资料后再报审，也可以直接放弃。

（7）审核通过并完成注册后，按照规定的时间进行询价、定价，由主承销商组织符合条件的投资者进行认购。

（8）满额认购且利率符合中国银行间市场交易商协会指导价，发行成功；认购不足三分之二或利率远高于中国银行间市场交易商协会指导价，发行失败。

为了保证项目成功，我们组建了一个强大的专业机构。

（1）在承销商方面，我们选择了两家大银行作为合作伙伴，一个是主承（主承销商），另一个是联承（联席承销商）。

（2）在评级公司方面，我们选择了国内知名评级机构。

（3）在会计师事务所方面，我们的审计服务机构一直是某四大之一，自然继续请其提供项目支持。

（4）在律师事务所方面，我们选择了国内知名律师行。

我们信心满满地做好了准备，结果却给了我们当头一棒：在评级公司的初评结果上，企业信用等级为AA。

彭总拒绝接受这个结果！

评级公司给出的理由是：

（1）公司 2008 年的盈利能力下降比较大；

（2）公司所处的行业涉及环保，属于环保从严监管对象；

（3）公司近些年扩张速度快，投资的长期回报尚待展望。

看到这个初评结果，作为联席承销商的那家大银行选择了退出。

我们还要继续做下去吗？

彭总的态度很坚决，继续做下去！

后来，我们邀请了另一家大银行加入进来，作为联席承销商。

对于评级公司给出的初评结果，我们据理力争。

（1）不论是在公司规模、盈利能力还是产业链布局和市场占有率上，我们公司都是国内行业中的佼佼者。

（2）2008 年公司盈利能力下降是受金融危机的影响，并不是公司在运营和管理上出现了问题。

（3）公司的环保投入在同行中一直处于领先地位，这也是公司长远发展的核心竞争力所在。

（4）公司的投资方向和战略发展布局严格遵照国际行业产业领先标准，符合国家不同时期五年规划的产业经济导向。

（5）多年来，股东不断持续增资，在公司大发展的同时，始终保持健康、合理的负债水平。

这些问题不是简单地说明就可以，必须能够提供详尽的资料证明，最好是第三方证明。于是，彭总带领我们东奔西走、北上南下：从行业调研机构那里寻找市场调研报告；邀请行业协会专家沟通行业发展布局及方向；邀请法律专家对公司股权及法律文书等发表意见；邀请环保专家交流环保意见；邀请审计师沟通近些年财报审计意见及未来获利能力预测等。

一切繁忙而有序地进行着，问题一个一个地落实，资料也越堆越高。多少个日子，我们在会议室里为解决一个问题而争论得面红耳赤；多少个夜晚，整栋大楼里只有财务部的灯亮到很晚；只要不出差，彭总都会在办公室里陪伴着我们。

> 那段时光，苦、累并快乐着。

2009 年下半年，公司半年报出来了，业绩斐然!

经过不懈努力，我们逐一解决了企业评级的各个问题，再加上业绩的显著提升，终于打动了评级公司——企业信用评级从 AA 提升为 AA+！

万里长征走完了第一步，这是很重要的一步。

随后，各机构的工作进展顺利，所有人快马加鞭，整理各种申请资料，并将这些资料报送中国银行间市场交易商协会审核。

资料报送到中国银行间市场交易商协会后，需要排队等待审核，因为申请发行债券的企业很多。

结果等来的是长长的问题清单——各种问题，非常详细。

尽管我们已经准备得足够充分，但是还是审核未通过。

彭总鼓励我们说这没有关系，毕竟是我们的第一次尝试!

按照问题清单，我们组织相关部门进行研讨，补充资料，逐一解决；涉及专业的事项时，就咨询专业机构或外部专家。

为了避免问题回复后不久要重新更新财务数据，再报送一遍资料，我们计划待2009年年报审计结束后再报送资料。

2010年3月，会计师事务所完成了我们公司2009年的审计报告。

2009年我们公司的业绩非常好。业绩好，希望就更大。我们赶紧更新财务数据，连同补充资料又一次报送了中国银行间市场交易商协会。

一个多月后，结果出来了，申请还是没有通过。

我们继续回答问题、补充资料。

彭总认为，只是这样递交资料肯定是不行的，效率太低，沟通不畅，需要和中国银行间市场交易商协会多沟通。

于是，彭总和两个承销商去拜访中国银行间市场交易商协会，就对方关心的各种问题进行汇报和交流。2010年

5 月至 8 月，她不停地奔波、会谈；我们加班加点，精心地准备各种资料，大家配合默契！

其实，项目刚开始时，总裁也是非常支持的，尤其当企业信用评级提升以后，更是信心满满。但是这一年以来，申请一次又一次地被退回，再加上金融形势越来越严峻，总裁开始灰心了。

在一次财务工作会议上，总裁对彭总说：“我知道你们已经很努力了，但这好像不是我们的‘菜’。现在即使你们停下来，我也不会责怪你们。也许等到我们这个行业中有企业先发行中期票据以后，我们再发行中期票据会容易一些。第一个总是最难的。”

彭总对总裁说：“谢谢您的理解，我想再坚持一下，现在就放弃，我不甘心。”

只有把企业的事情当成自己的事情去做，才会这么坚持！

这就是主人翁精神！

功夫不负有心人。2011 年 2 月，从承销商处传来消息，我们的申请审核通过了！

2011 年 3 月，我负责召集的下属子公司财务经理会议在美丽的杭州西子湖畔举行。彭总专程从外地赶过来参加，并带来了注册通知书。两年的付出，终于修成正果！

彭总的目标达成！

我们的目标达成！

随后，在我们和承销商的努力下，50 亿元资金顺利募集完成，低于同期银行贷款利率 1 个多百分点。

彭总十年如一日的奋斗精神、拼搏精神和主人翁精神深深地感动了总裁。同年，彭总晋升为中国区副总裁。

本章金句：

- 做事情必须日事日清。
- 履约守时，既是对别人的尊重，也是自身素质的表现。
- 只有把企业的事情当成自己的事情去做，才会这么坚持。这就是主人翁精神。

读书笔记

我的成长小目标

Chapter 05
第 5 章
如何应对挫折

从小学开始，我就喜欢文学。

沉浸职场这么多年，虽然商务报告写得越来越熟练，但是文学方面的书却越读越少。一盏清茶，两本好书，岁月静好，这一直是我心中的追求。

引子

我敬佩的诗词大家是苏轼，欣赏的文学作品是中国当代作家余华的《活着》。

我喜欢苏轼，不仅仅是因为他的诗词写得好，更是因为他面对挫折时的乐观主义精神！

在我每次遇到挫折、感到委屈、茫然若失时，我都会拿出余华老师的《活着》这本书翻看。

没有人的一生是顺顺利利的，不管是大富大贵之人还是普通老百姓。不同的是，有的人在挫折中进步，越挫越勇；有的人只会捶胸顿足，怨天尤人。一个人能否取得成功，并不是看他站得有多高，而是看他从顶峰跌落时，能否坚强地站起来。

鲜花和掌声谁都会享用，但落魄时的煎熬和孤独，并不是每个人都能够承受。

世事无常，谁都不能保证自己一辈子都走上坡路，何况这也是不可能的！所以，勇敢地面对困境和挫折，吃一堑长一智，这才是我们正确面对工作和生活的态度。

在这么多年的职场生涯中，我并不是一帆风顺的。但是，时间是一剂良药，已经完全抚平了我的创伤，现在回头看，那些经历全都是我珍贵的财富。本章将讲述我所经历的两次挫折。

最好的还击是让自己变得更强大

第一件事情发生在 1997 年。

当时我在一家食品销售公司做主管会计。经过金小姐对我两年多的培训，我的会计核算工作已经做得非常顺畅了，再加上我很勤奋、诚恳，所以深受经理的喜欢。

那时我虽然年纪小，但是在公司已经相当于副经理的级别了。同事对我都很尊重，工作上顺风顺水。

五六月时，集团派了一位业务人员来我们公司。为方便表述，我就叫他老 B 吧。

老 B 当时四十多岁，是集团老总的同学。

不知道为什么，经理对老 B 的态度很冷淡。老 B 进入公司后，经理并没有安排他跑业务，而是让他去管理仓库、开车送货。这些工作在公司是相对低级的，经理的态度决定了大家的态度，所以大家对他也很冷淡。

因为我平时在办公室的时间多，所以老B经常会来我办公室找我聊天。我觉得他挺可怜的，这么大年纪，还经常被人吆来喝去。

老B有时会请我吃饭、喝酒，或者开车带我出去转悠。

老B对我说："虽然我跟集团老总是同学，但是我从来不把我们这边不好的事情告诉他。我觉得我们在这边相处得挺好的。"

我听了心里有些感动，甚至觉得大家对他有些过分。

我们渐渐成了朋友。随着我们关系的变化，大家对他的态度也好些了。

除了经理！

半年以后，集团要求我们公司调整客户结构，但经理认为操之过急会对市场不利，故抗拒执行。

后来，经理被调回了集团。

再后来，集团派了一位新经理过来。

新经理的业务能力一般，但他和集团老总的关系很好。新经理进入公司后，就开始坚决地执行客户结构调整策略。

因为集团老总的关系，老 B 和新经理相处得很好。

因为新经理对当地的情况不是很熟悉，所以他对我这个“副经理”较为倚重。

老 B 虽然还做着管理仓库的工作，但实际他在公司的地位比以前高多了，因为大家都看出他和新经理，以及和我的关系。

两个月后，因为公司租用的仓库合约到期，所以老 B 负责寻找新仓库。

有一天，老 B 问我：“公司以前租用的仓库会给我们回扣吗？”

我回答说：“回扣？怎么会呢？从来没有过！”

这是我第一次听到“回扣”这个词。

老 B 说：“现在我找的这个仓库，虽然条件一般，但存放我们公司的货物肯定没有问题。他们要的费用稍微高一些，不过愿意每个车皮给我们 400 元的回扣。”

公司当时的产品全靠铁路运输，因为产品销量好，所以每个月都会有 20 多个车皮的货。

我说："这不太好吧？"

老 B 说："你不用担心，他们做业务的，谁不从客户那里吃回扣？再说，这件事只有你、经理和我三个人知道。"

我惊讶地问道："你和经理也说过这件事了？"

老 B 说："嗯，说过了，他同意，让我问问你。"

我点了点头。

我想，既然经理都同意了，那么应该没有问题。

就这样，公司每个月和仓库结算完以后，老 B 会把相应的回扣拿回来交给我。对此，我单独弄了一个账簿，用于记录每一笔收支。每次要用钱时，都是先由经理签字，我再给钱。这就是通常说的"小金库"。

在我的印象里，经理和老 B 用钱最多。

因为我在办公室的时间多，所以没有什么开销，只是偶尔会报一些出租车发票。

八九个月后，因为新经理的业绩差，产品销量下滑严重，所以集团重新派了一位经理过来。为方便表述，我称他为 H 经理。

H 经理的资历深，是集团最早做销售的那批人。用他自己的话说，公司的第一件产品就是他卖出去的。

H 经理进入公司后，我就把“小金库”的事情告诉了他。我觉得这是公司的钱，没有必要隐瞒他。

H 经理当时没有说什么，需要用钱时，他也会从这里支出，我以为一切与以前一样。

有一天，H 经理突然给我打来电话。

电话里，他问道：“每个车皮的回扣是多少钱？”

因为我当时正在忙其他事情，所以就随口回答说：“好像是 600 元。”

随即他便挂断了电话。

等我忙完手上的工作，我赶快打开账簿，发现自己刚刚说错了。我当时想等 H 经理回来，我向他解释一下就行了。

我把事情想得太简单了！

临下班，H 经理回到了办公室。

我跑过去对他说：“经理，对不起，我刚在电话里说错了，是 400 元。”

他生气地说："一会儿是600元，一会儿是400元，你给我说清楚，到底是多少钱？"

我耐心地向他解释说："您那会儿给我打电话时，我正在忙其他事情，所以就不小心说错了，对不起。"

他说："我看你是不小心说对了吧？人下意识说出的话往往才是真实的！"

我委屈地说："您怎么能这么想呢？您可以去问老B，他是经办人，他清楚到底是多少钱。"

他说："如果不是今天老B告诉我，我还一直被你蒙在鼓里。你自己说，你跟上一任经理共拿了多少回扣？"

我说："我不知道老B和您说了些什么，我知道这样做不对，但是我可以坦诚地告诉您，我没有和任何人一起拿回扣，如果您不相信，您可以随时叫人来查！"

第二天，H经理让我把账簿交给老B，而且他补充了一句，"要交接清楚"！

我不知道他说的"清楚"指的是什么，在我看来，这几个月以来就那几笔进账和出账，都清楚地记在账簿上。

老B打开账簿，一笔一笔地认真看。

他边看边说："上一任经理吃一顿饭怎么花了这么多钱；买了一箱好酒，肯定是留着自己喝；这件在百货大楼买的礼品是给自己的……"

H 经理坐在旁边，脸色铁青。

当时办公室里只有我们三个人。

我当时像是一个被审讯的犯人，被一条一条的"铁证"指控，被一条一条的"铁证"指责！而指控者就是我当初认为可怜的人，是我帮助过的人，是我当作朋友的人！

终于，我爆发了！

我对老 B 说："你念什么？这些事情哪一件你不知道？你自己用的那些钱怎么不念出来？"

老 B 当时的脸一阵红一阵白，语无伦次。

H 经理猛地把烟灰缸摔到地上！

"你喊什么？"H 经理对我吼道，"我看你是心虚了吧？做了就不要怕被人说！自己做了什么自己心里清楚！"

“我没有做不该做的！”我委屈地对H经理说，“这件事情是上一任经理同意的，老B经办的，我就是记个账，这跟我有什么关系？我的确用了几百元，我可以退回来，你们还想要我怎么样？”

H经理说：“你自己看着办。”

说完，他就离开了办公室。老B尾随而去。

我当时不知道应该如何证明自己的清白，不知道应该如何让H经理相信我说的是实话。

过了几天后，H经理对我说：“你今天去把那个仓库退掉，不准有任何遗留问题！”

我问道：“存放在仓库里的货物怎么处理？”

H经理说：“这跟你有关系吗？”

我没再说话，拿起外套，走出了公司。

外面下着蒙蒙细雨。

到了仓库，我身上的外套已经湿透了。我擦干了头上的雨水，捋了捋头发。我不想让别人看到我狼狈的样子。

我向仓库主管说明来意。

他问道：“是我们哪里做得不好吗？”

我回答说："这是经理的意思，我也没有办法。"

他又问道："我能不能找你们经理谈一下？"

"不必了，"我赶紧回答说，"他的态度很坚决，可能明天就会搬货。"

他点头说："那好吧！但是，按照合同约定，你们提前解约，是要赔付违约金的。"

我想，既然是合同约定，也没什么好说的，就同意了。

等我回到办公室后，H 经理一听说要赔付违约金，勃然大怒。

H 经理说："赔付违约金？你自己搞定！反正我明天就要搬仓！"

老 B 在旁边怡然地喝着热茶，好像这件事和他没有关系。

我看了他和 H 经理一眼，便转身走了。

再次见到仓库主管时，我向他说了违约金的事情，他一口回绝！

他说："你没法交代，我也没法交代，合同上写得清清楚楚。"

我不停地和他说，反复地跟他讲，他就是不同意。

临近下班，仓库主管对我下了逐客令。

我不记得我当时是怎么走出他办公室的。我当时脑海中只是在想，我回去怎么和经理交代呢？

外面的雨下得更大了，我却仿佛一点感觉不到。我一直呆呆地在雨里站着。

见仓库主管撑着伞走出来，我赶紧迎了过去。

他看见我惊讶地说："你怎么还没走？"

这一次，我没有再隐瞒他，把回扣的事情从头到尾都告诉了他。

他听完生气地说："老 B 这个人看着挺老实的，怎么这样？"

他接着说，"你看你，衣服都湿了，我去给你找把伞。"说完，他冲门卫室喊了一声："老 A，给我拿把伞过来！"

片刻，老 A 拿了把伞跑了过来。

我不停地感谢！

后来，他对我说："我不要违约金了，这不是看在老 B 和你们经理的面子上，而是你很诚恳，你赶快回去吧。"

我千恩万谢。

回去的路上，我的心情一下子愉悦起来。

回到办公室后，我高兴地对 H 经理说："经理，我已经跟仓库主管谈好了，他们不收违约金了！"

H 经理的脸上并没有露出我想看到的兴奋表情，而是平静、冷漠地和老 B 对视了一眼，好像这个结果早在他们意料之中。

他慢悠悠地对我说："如果当时你说的时候我同意了，这个钱就这么出去了，是吧？"

我瞬间明白了。

我今天所有的努力都白费。

我没有说话。

他生气地说道："这不是'利益输送'是什么啊？以前你们都是这么干的？"

老 B 在旁边笑了笑。

我平静地对 H 经理说："如果您是这么认为的，我也没有办法。但我还是要告诉您，我没有做任何对不起公司的事情。"

说完，我转身准备离开。

H 经理朝我吼道："谁让你走的？我让你走了吗？你给我站住！"

我冷冷地对他说："对不起，现在是下班时间，八小时以外的时间和自由属于我自己！"

他一时竟被我噎住了！

我昂着头，挺着胸，走出了办公室。

回到宿舍，我接到了父母打来的传呼。我已经很多天没有给家里打电话了。

我冲出门，找到一个公用电话亭，拨通了家里的电话。

听到我的声音，母亲急切地问："你怎么这么长时间都没给家里打电话？是不是遇到什么事了？"

我故作轻松地说："没事，就是最近工作忙，忘记给你们打电话了。您和父亲的身体都挺好的吧？"

母亲回答说："我们都很好。以后你工作再忙，也要记得给家里打个电话，免得我和你父亲担心。"

我边答应边点头，眼泪已经夺眶而出！

第二天，到了公司，H 经理并没有对我发脾气。

这在我意料之外！

H 经理让我今天协助老 B 搬仓。以前每天被我指挥的人，现在成了我协助他。

老 B 已经先去货运市场租运货的车辆了。花钱的事情，他跑得比谁都快。

我直接去仓库，与仓库管理员对账、盘点。

一会儿，老 B 带着五辆大卡车来到仓库。

我抬头看了他一眼，没理他。

H 经理不在场，估计他自己也心虚，所以离我很远。

开始搬仓了。

拉了四五趟后，车忽然都停了下来，远处传来了争吵声。

我走过去一看，几个货车司机把老 B 围在中间。他们情绪激动地对老 B 说着什么。

原来是老 B 没有和他们讲清楚价钱。

老 B 说是五辆车运一次 500 元，而他们说是每辆车运一次 500 元。

这差得太远了！

老B当时很害怕，脸色煞白。他可怜巴巴地望着我，希望我能帮助他解围。

关我什么事！

我转身走了。

下午回到公司，大家就接到通知，下班前H经理要开会。我隐约地感觉到，这个会可能跟今天的事情有关。

会上，H经理倡导团队精神。

我仰头望着天花板，不知道自己在想些什么。别人都在低头记笔记。

H经理突然对我说："今天老B在那边遇到事情时，你为什么不帮助他？"

我顿时语塞，不知道该怎么回答。

毫无疑问，那天的会议成了我的批评大会！我被批评的原因，就是我没有帮助坑害我的人。

两天后，我接到了刘部长打来的电话。

电话里，她对我说："H经理向集团递交了一份报告，坚决要求把你调离公司，集团老总已经同意了。本来按照要求你是要被调回集团的，但考虑到你的情况，我打算把你调到附近一座城市的销售公司。”

她还对我说:“这两天我已经给 H 经理打了两个电话了，和他协商让你留在公司，他不同意。”

我对刘部长表达了谢意，并且对她说:“我愿意到新地方去。”

我心里充满了对刘部长的愧疚！她一心一意地在维护我，而我又做了些什么呢?

我只能在心里一遍又一遍地对她说对不起!

过了一段时间，集团的调令到了，接替我工作的人也到了。

我在接到刘部长打来的电话之前，已经将账目整理好了，所以交接工作进行得很快。

我把自己的私人物品放到手提包里，离开了公司。

走出办公楼，我回头看了一眼这个我初次踏入社会的地方，心里说不上是爱还是恨。

第二天，我踏上了去新公司报到的路途。

再见了，成都!

> 今日我灰溜溜地离开，他日我要气宇轩昂地归来！

前年，一次偶然的机会，我和H经理又见面了。

他还是成都销售分公司的经理，而我已经是一家跨国企业中国区销售管理总监。

他对我说："这么多年，你的样子一点也没有改变，只是两鬓有些发白。"

我说："还好，工作是累了点，但心情一直很愉悦。"

后来，我们谈起了各自的工作。他对现状充满了各种抱怨。听我谈完了我对我们集团中国区各销售公司的管理后，他感慨地说："可惜了，我们集团就没有你这样的人才！"

我说："别这么说，我当年也是从这家公司出去的。"

他说："当年我对你有一些误会……"

我说："不说这些了，都过去这么多年了，再说就没有意思了。"

他问道："你恨我吗？"

我回答说:“坦白地说，当时确实恨。但这么些年过去了，早就不恨了。要是一直盯着过去，还怎么往前走？”

他对我竖起了大拇指，说:“难怪你能有今天的成就和地位，我服你！”

中午，他请我吃饭。

端起酒杯，他对我说:“虽然你不让我提，但我还是要向你赔罪。这一杯酒我敬你，当年是我的错，请你原谅！”

我起身举起酒杯，与他的酒杯相碰。

两个男人，相逢一笑泯恩仇!

不要轻信别人，也不要轻易放弃

第二件事情发生在 2006 年。

当时在我所负责的工作中，有一部分是与第三方公司的合作。大家可能会疑惑，为什么财务部会和第三方公司合作？这里我先解释一下。

因为当时我们集团扩张得速度快，有的工厂或公司新成立不久，因为报表等原因，在银行不可能有足够的授信额度。而主原料的对外采购又是集团统一管理的，下属各公司的付款条件都相同，这就造成这些新的工厂或公司在对外采购时，有时会出现银行授信额度不足而无法采购的情况。

于是，就有了请第三方公司代采购的做法。简单地说，就是第三方公司为他们垫资，只不过新的工厂或公司利用的不是第三方公司真正的自有资金，而是其银行授信额度。在银行额度到期前，新的工厂或公司再支付给他们钱，同时向他们支付一些额外费用。

本质上说，这是一种融资行为，只不过是以真实的业务需求为基础的。

在这种模式下，三方共赢，各取所需。

（1）对新的工厂或公司来说，解决了资金问题。

（2）对第三方公司来说，可以扩大报表收入，同时增加一些利润。

（3）对银行来说，审批的授信额度使用增加了，业绩提升，收入也增多了。

为了规范管理、控制风险，这个工作就由总部财务部统一安排。总部财务部负责洽谈、选定合作的第三方公司，下属各公司有使用需求时，由总部安排具体的对接事宜。

基于对我的认可，彭总将这项工作交给了我，尽管我当时对与银行的融资业务不是很熟悉，但我没有让她失望。

我上任以后，亲赴各家合作公司现场考察，对于那些实力偏弱的企业，一律终止合作。

我的着眼点并不是简单地融资以解决下属那几家公司的采购问题，我的目标是以此业务为基础，实现与一些大企业的合作，获得彼此信任，强强联合。

一家企业再大，终归需要合作伙伴，尤其是需要可以长期合作的实力强的伙伴。

我的这个观点得到了彭总的认可。

2006 年春节过后，下属公司的一位财务经理向我介绍了一家企业。这家企业希望与我们集团开展合作。

鉴于这位财务经理资历深，而且他也和我提到，这家企业的领导是一位能够拼搏、有进取心的人，企业近些年的发展势头也不错。一方面碍于情面，另一方面我也想见识一下这家企业的领导，因此我同意和他们见面谈。

第一次面谈是在我们集团。

他们来了三个人：L 领导、一位副总和他们的财务经理。L 领导是一位看起来十分干练的女士，另外两位是男士。

首先，副总向我介绍了企业的经营和发展状况；其次，财务经理向我介绍了企业近两年的财务状况，并播放了企业宣传片，同时向我提供了企业宣传册和近两年的财务报表；最后，L 领导说，“虽然企业近些年发展得还不错，但是她还是觉得发展慢，她希望能够搭上大企业的快车，使事业能够迈上一个新台阶”。

他们很坦诚，很诚恳！

第一次面谈过程很愉快。面谈结束后，我答应安排时间到他们企业实地考察。

我按照约定好的时间来到他们企业，L 领导已经在门口等着。她请我先到办公室去喝茶，被我谢绝了。于是，他们开始陪我参观企业。

该企业所到之处干净整洁、井然有序，厂区内的主要建筑是几个大仓库和一栋办公楼。L 领导告诉我，那是他们的第一期仓储物流基地。企业现在的主营业务是经销行业内一家企业的产品，他们算是华东区域的总代理。

听他们说，厂家有计划把他们企业作为华东地区的仓储物流集散中心，所以他们接下来还会继续修建第二期仓库及配套设施，以满足这个计划的需要。

从第一期基地的现场情况来看，他们的设施不错。

参观完后，我们来到了会议室。

我问道："你们现在的业务已经做得很好了，为什么还想要和我们公司合作呢？"

L领导回答说："主要是两个方面的原因：一是仅靠自己的业务，报表的收入现在已经达到了瓶颈，继续增长估计很难，而没有一份漂亮的报表，以后不管是银行融资还是上市都会比较困难；二是现阶段，合作企业虽然与我们同处一个行业，但是这两家企业的产品类别完全不同，我希望通过与你们集团合作，慢慢接触并了解你们集团这类产品的市场。"

她说得合情合理！

不知不觉到中午了，我说要回公司，他们不同意。他们说已经安排好了便餐，我大老远过来，如果饭都不吃，他们心里过意不去。

客随主便，我答应了。

吃饭的地方亭台楼阁，绿草茵茵。

一起吃饭的人中，除了他们，还有另外两个人。和他们交换名片后，我才知道他们在当地一家银行工作。年纪大的是支行行长（以下称他为 M 行长），年轻的是他的助理。

看得出来，L 领导和他们都很熟悉。

M 行长很客气，殷切地表达了想和我们集团开展业务的意愿。

我对他们的支持和认可也表达了感谢。

席间，我们就具体的业务合作模式进行了商讨：由 L 领导的企业向 M 行长的银行申请银行授信，用此授信额度代我们集团下属工厂或公司购买原材料，银行授信到期前，我们公司下属公司负责还款并支付费用。模式和其他合作企业基本相同，唯一差别就是，我们集团必须就这笔授信向银行提供信用担保。也就是说，如果 L 领导到期不还款，我们集团需要偿还相应金额。

M 行长解释说："银行授信通常需要有实物资产作抵押或有实力的企业提供担保。对 L 领导的企业来说，如果有了你们集团提供担保，授信审批就会比较容易。而且这个业务的实质是为你们集团下属公司服务的，所以从控制风险的角度也希望由你们集团提供担保。"

这个道理我明白。

我想了想，对M行长说：“这个担保原则上没有问题。我回去需要向彭总汇报一下，因为我们集团的对外担保是有严格的规定和审批程序的。”

M行长表示理解。

L领导这时感慨道：“这真是人与人不能比啊。你们大企业只要签一个信用担保就可以从银行拿到钱，而我们小企业经常拿着实物资产抵押给银行都贷不到款。”

M行长笑了笑，没有说话。

我对L领导说：“这没有办法，对银行来说，风险控制肯定是第一位的，他们可不想最后企业用这些实物资产来抵偿贷款。大企业通常视信用如生命，违约对大企业来说是致命的。是不是，M行长？”

M行长点了点头。业务合作模式基本上就这么确定了！

回到办公室后，我把这家企业的情况和洽谈的业务模式向彭总做了汇报。

彭总说：“只要你考察过了，认为没有问题，我就同意。

只是在操作过程中，你要注意把合同等细节把握好。”

我点了点头。

彭总对我一直如此，充分信任、充分授权！

接下来的一切都按程序正常进行：与 L 领导的企业签署合作协议；双方一起向 M 行长的银行提供各种财务报表资料；银行对 L 领导的企业核定授信额度……

过了一个多月，银行的批复下来了，核准结果是 6 000 万元现金贷款。

L 领导和 M 行长很着急，于是来到我们集团找我商量。

见到他们，我直言不讳地提出了额度小的问题。

M 行长解释说：“根据 L 领导的企业现有的财务报表，系统目前评定出来最高只能贷这么多钱。等到你们两家的业务合作开展一年以后，你们的报表收入会大幅提升，那时贷款额度就可以增加了。”

我明白他的意思，对他来说，忙活了这么久，他不想失去这笔业务。

L 领导向我表示，他们企业接下来一定会更加积极地拓展他们的主营业务，同时对于我们双方的这次业务合作，她会专门组织团队对接、服务，只要是我们要求的，他们一定尽力做到让我们满意，希望我给他们企业一个机会。他们的合作态度真的非常诚恳！

我沉思了一会儿，决定给他们这个机会。

虽然我答应了，但是我向他们提出了集团资金监管的要求。因为这个额度是我们集团担保的，对于资金的安全，我还是有些顾虑的。

L 领导没说什么，但 M 行长迟疑了一会儿说："这个资金监管协议签起来估计会比较麻烦。"

我问道："为什么？"

他说："主要有两个原因，一是就这个业务而言，现有版本的监管协议都是不适合的。如果要签，就要拟定新版本。但是银行的各种合同协议都是固定格式，根本不容许下属机构做任何更改。如需更改，要报到分行或总行的法律部审核，时间跨度会很大，而且审批结果还不知道。二是从本质上来说，你们的下属公司才是这个业务中真正的用款单位。如果将这个实质写到纸面上做成协议，上级分行肯定不会同意。"

他说的有一定道理！

在银行信贷业务中，银行确实往往处于强势地位，合同内容必须严格按照他们的固定版本签。这也是银行控制风险的一种手段。

M 行长接着说："您放心，银行把风险看得比什么都重要。不管签不签监管协议，我们都会对资金进行严格监管，您要相信我们银行的风险监管。"

这次他说服了我。

> **这就是商务谈判，各有让步，谁说得有道理就听谁的！**

第二天，按照程序，L 领导与银行签订了授信协议，我们集团也与银行签署了最高额保证合同等文件。

放款之前，M 行长希望到我们集团下属公司实地考察，这是合乎情理的要求。

放款后，一切按照双方的约定进行操作。L 领导的企业在各环节上与我们集团下属公司配合得很好。

对于与他们的合作，我感到越来越满意。

我慢慢地觉得，他们企业可以成为我们长期的合作伙伴！

后面的时间里，L领导和我的接触慢慢多起来。有时候她会过来与我一起喝咖啡，有时与我一起吃饭。

虽然我们彼此已经熟悉了，但是我总觉得和她之间有一层隔阂。

时光飞逝，转眼一年时间过去了。

此时，已经是2007年4月。

这一年，对我来说是春风得意、风调雨顺的一年。

彭总对我的工作表现越来越满意，在她的引荐下，我多次在大型财务会议上代表财务系统向总裁汇报工作，并逐渐赢得了领导的关注。

4月底，与L领导的合作业务将满一年，银行授信即将到期，需要开始新的授信。

总体上说，这次三方的合作很成功、很愉快！

L领导对我说："预计今年新的授信可以增加到1亿元。"

6月，银行批复下来了，授信果然增加到了1亿元。

只是被分成了两笔申请，第一笔是 6 000 万元，第二笔是 4 000 万元。

L 领导向我解释说："我问了 M 行长，之所以分成两笔，是因为保险起见。因为第一笔是续作，第二笔才是新增，在银行内部的程序审批上是不同的。即使上级行不同意新增，也不会影响原有的额度。"

他们考虑得很周到！

这次的流程同样是 L 领导的企业申请授信，我们集团提供担保。

过了六月中旬，第一笔 6 000 万元顺利放款，但第二笔 4 000 万元迟迟没有放下来。

对此，M 行长说这是新增借款，银行"头寸不足"，暂时款放不下来，要等几天。确实有这种情况，有时候银行资金紧张，虽然批了额度，但客户还是要等着放款。

6 月过去了，款没有放下来。

7 月过去了，款还是没放下来。

8 月结束，款依然没有放下来。

每次我问 L 领导和 M 行长，他们的回答都是，"现在银根紧缩，还要再等一等。”

虽然我有些怀疑，但是我安慰自己，去年一年操作下来没有任何问题，今年的6 000万元的续作也很顺畅，再加上M行长的银行是大银行，银行的风险控制又那么严格，应该不会有什么问题。

时间就这样在等待中一天一天地过去了。

9月中旬的一个下午，彭总把我叫到她的办公室。

我刚坐下，她就问道：“还记得咱们俩第一次见面，我们谈的第一个问题吗？”

我说：“嗯，记得！”

她问道：“那个问题是什么？”

我回答说：“那是您面试时问的我，做财务最重要的是什么？我回答说是人的品质。”

她说：“你没有忘记就好。那我问你，L领导的企业的这4 000万元是怎么回事？”

我回答说：“哦，是这个事情啊，我一直在追着他们，他们说现在银行‘头寸不足’，所以款还没有放下来。”

她说：“据我所知，这笔款不但已经放下来了，而且还被他们挪用了！”

我说：“不会吧？！”

彭总严肃地说：“我得到的消息是这样，我只想知道这件事你事前知不知情？”

我回答说：“彭总，这两三年来您对我已经很了解了，那种有损人品、有悖职业道德的事情，我是绝对不会做的！这件事情，我可以向您保证，事前我毫不知情！当年我是那样向您讲的，这些年我也一直是这样做的！如果您发现我欺骗了您，您可以随时把我开除！”

彭总继续问道：“你真的不知道这件事？”

我说：“我绝对不知道！贪图私利不是我的人品！如果不信，您可以安排人员调查！”

见我如此郑重，彭总的语气缓和了一些。

彭总说：“我也希望你是完全不知情的！是我挑选了你，我不希望自己看错人！”

彭总接着说：“这件事情你马上去落实一下，确认款项是否已经放了。如果确定放了，要赶紧追回来！这中间需要我做什么，你可以随时来找我！另外，我还要叮嘱你，市场经济，风险无处不在，没有什么是不可能的！”

我神情恍惚地走出她的办公室。回到自己的座位上，脑袋里乱作一团，理不出头绪。

我想了一会儿，然后拨通了L领导的电话。

电话接通后，我问她那4 000万元怎么样了，她说这几天她在国外出差，不知道具体的进展，回头向M行长了解一下，再打给我。

我没再多说什么，就挂断了电话。

后来，我又打电话给M行长。

为了试探他，我在电话里和他说："如果这两天款还是放不下来，这笔业务我就不打算做了，请你把我们集团提供的各种资料退还给我。"

他说："好吧。"

听他说完，我挂断了电话。

过了一会儿，L领导给我打来电话。

她急切地问我为什么那4 000万元不打算申请了，我告诉她是基于风险的考虑。而且授信已经批了那么久，即使款放下来，用不了多久也就到期了，没什么意义。

她说她再和 M 行长商量一下。

临下班，他们的副总和财务经理给我打来电话，说他们已经到我们公司楼下了，约我晚上一起吃饭，商量一下那 4 000 万元的事情。

我答应了。

在饭店的包房坐下，茶水刚倒上，那位副总说要到外面点菜，便打开门出去了，剩下我和财务经理。

财务经理看着我，踌躇地说："有件事，对不起您。"

我问："什么事？"

他说："就是那个 4 000 万元已经放下来了。"

我问："那钱呢？"

他小声地说："我们修建第二期仓储物流基地，钱不够，就用了。"

我抄起桌上的茶杯就扔了出去。茶杯重重地砸到墙上，摔得粉碎，茶水溅了他一身。

听到响声，那位副总和服务员赶紧跑了过来，房间里的紧张气氛把服务员吓了一跳。副总马上明白发生了什么，连忙对服务员说“没事的，没事的”，就把她推到了包房外面，然后又重新倒了一杯茶水，双手端到我的面前。

我这时已经冷静下来，重新坐回椅子上。

他们垂手站着。

我说：“说吧，你们打算怎么办？”

副总说：“L领导让我们来，一是向您道歉……”

我说：“不要和我说这些，我问你们打算怎么办？”

财务经理说：“L领导说，今天她就从国外乘飞机赶回来，她让我们告诉您，她会想办法尽快把这个钱补上。”

我生气地说：“什么叫尽快？尽快是多快？你们告诉我！”

“告诉L领导，”我猛地站起身来，说，“她如果不马上把钱给我还回来，我就封她的公司！”

说完，我抓起手提包向门口走去。

饭店外面夜风习习、霓虹闪烁，在我看来一切是那么灰暗。

我昨天还青春激昂、春风得意，今天就掉进了无底深渊！

我的胸口像压了一块巨大而沉重的石头，堵得慌。

我在大街上漫无目的地走了两圈，决定回到办公室准备资料，做最坏的打算！

回到财务部，我就看到彭总的办公室的灯还亮着。

彭总还没有下班。

我在门上轻轻地敲了两下，彭总抬起头。看见我失魂落魄的样子，她似乎猜到发生了什么。

彭总示意我把门关上，然后和我在旁边的会议桌前坐了下来。

她问道："说吧，怎么了？"

我低着头说："您说得对，他们挪用了那笔钱。"

她问道："你打算怎么办？"

我回答说："我想准备资料，然后将这些资料呈报给法务部，请法务部通过法律途径诉讼追回。"

她问道："你知道这样做对你意味着什么吗？"

我回答说："我知道，这是重大工作失职，我可能会被开除。"

我叹了口气，接着说："这确实是我的责任，被开除也是应该的。"

"现在我相信你是不知情的，"她对我说，"这下我就放心了。事情还没有糟糕到那一步，先不用公开交由法务部处理，你催他们尽快把钱还回来就可以了。但是保全的措施还是要做，以防万一。"

我说："可是……"

她说："我知道你想说什么，现在最重要的是钱的安全，对他们的惩罚可以放到以后。"

她看了我一眼，继续说，"而且我不想因为这件事把你毁了。这件事你已经报告给了我，没有及时上报是我的责任，与你无关。"

她接着说："你还年轻，不知道商场的险恶，吃点苦头对你也是好事。我相信你可以把这件事情处理好。"

我心里非常感动、感激，一下子充满了力量！

我用力地点了点头，说："您放心，处理不好，我辞职走人！"

第三天上午，我见到了L领导。

一见面，她就对我一个劲地说对不起，都是她的错，希望我能原谅。

我不想再听她解释。

我直接向她提出了以下几个条件：

（1）限期之内必须把 4 000 万元还回来；

（2）把她的企业及个人财产抵押给我们集团；

（3）这笔业务，我们集团下属公司不会支付任何费用；

（4）M 行长的银行必须与我们集团补签对这项业务给予资金监管的承诺。

她还想和我讨价还价，被我直接阻止了。

“我现在不想再听你说什么，”我对她说，“你现在还有和我谈判的筹码吗？如果你答应这些条件，我可以再给你一些时间；如果你不答应这些条件，我马上就申请诉前保全！”

听到要走法律途径，她紧张地说：“那就不必了吧？怎么说我们也是合作一年多的老朋友了。没关系，您怎么说，我就怎么做。”

我拿出了事先拟好的文件说：“好，那你签字吧！”

她接过文件，仔细地看了一遍，犹豫了一会儿，最终还是签了字。

我心里踏实了一些。

我问道：“这 4 000 万元你具体什么时间还回来？”

她苦笑着说：“您也知道这些钱我都已经用来建仓库了，现在我只能向朋友借钱了。”

那段时间，我几乎把精力全都放在了这件事上，每天盯着 L 领导还款。虽然文件都签了，她也开始还钱了，但毕竟是这么大的一笔钱，谁知道她最后到底能不能还清？我每天都睡不好觉，度日如年！

煎熬了几个月，4 000 万元终于全部归还到账。

2008 年 6 月，与 L 领导的企业合作到期。L 领导向我提出希望再继续合作的请求。我断然拒绝，并且将他们企业及其关联企业全部列入集团的黑名单，禁止任何下属公司和他们发生任何方面的往来。

20 多年的职场生涯中，我遇到的挫折远不止这两件事情，我只是挑选了其中具有代表性的，供大家借鉴。

遇事不要怕，不要后悔、抱怨，因为那些都于事无补。

要先克制自己，让自己冷静下来，思考如何去处理或补救。要给自己勇气和力量，反正天塌不下来。

所谓伟大的人遇事能够“泰山崩于前而色不变”，他们也是这么一点一点地锻炼出来的，没有人生来就是英雄！

以此与大家共勉。

本章金句：

- 没有人的一生是顺顺利利的，不管是大富大贵之人还是普通老百姓。

- 勇敢地面对困境和挫折，吃一堑长一智，这才是我们正确面对工作和生活的态度。

- 要是一直盯着过去，还怎么往前走？

- 遇事不要怕，不要后悔、抱怨，因为那些都于事无补。要先克制自己，让自己冷静下来，思考如何去处理或补救。要给自己勇气和力量，反正天塌不下来。

读书笔记

我的成长小目标

Chapter 06

第 6 章

发展与成长

前面回顾了我考试、跳槽和职场中的挫折经历。

本章将讲述我在职场中是如何一步一步发展与成长的。

基于财务工作的特殊性，我只能从如何站稳脚跟、建立制度、考核与激励、培养下属、内部控制和营运管理等几个角度进行讲述。

站稳脚跟，崭露头角

2004 年，我入职这家跨国企业，职位是子公司财务经理。

在总部接受一个月的入职培训后，我被彭总通知，正式留在上海总部财务部工作。

我当时应聘的是子公司财务经理，也就是成都分支机构的财务经理。

但是，培训结束后，彭总改变了计划。

彭总对我说：“原本打算派你去子公司，但通过这一个月的观察，我认为你留在总部工作更合适。你具有宏观全局思维，管理思路也很好，你更适合在总部做全局性的统筹管理工作。”

“而且这样的安排对你日后的发展也会更好。在总部，你能学习到的东西更全面，能接触到的东西更有高度，这对你来说，是一个好机会。”

“这里是总部，下属公司都受总部管理，如果你以后想去子公司，届时自上而下地委派也非常容易，你可以考虑一下。”

我对彭总表示感谢，当即答应留在总部工作。

在薪酬福利方面，人事部告知，由于我直接在总部入职，按照公司规定不属于驻外，因此不享受任何驻外补贴和住房津贴，而且我的薪资是按照成都地区的标准洽谈的。

在工作内容方面，彭总让我负责国际贸易方面的财务管理。对于国际贸易业务，我以前在大学简单地学习过这门课程，这么多年再也没有接触过。

在工作职务方面，虽然我的职位是财务经理，但是在总部，我就是一个基层主管。

在部门人员方面，总部财务部有 10 多个人，除了我以外，他们全是在公司工作五年以上的老员工。

为了节省开支，我到市区外去租房。上海当时仅有一号和二号两条地铁线，大多数人会选择在这两条地铁沿线租房，离市中心越远，房租越便宜。

没有工作经验，我就每天加班翻看以前别人处理的文件资料，自己多琢磨、多思考。

没有资历，我就少说话、多做事，主动和同事搞好关系。

每个周末，我都会去附近大学的图书馆，不是去看书，而是去思考、整理工作上的问题。总结别人是怎么做的，有哪些地方可以完善。自己想不明白的地方，就虚心向别人请教。

这家企业在财务运作上有非常丰富的内容，我在此前的工作中没有接触过，而且我从未在一家企业总部做过全面性的财务管理工作。我当时的想法是在这家企业里抓紧时间多学一些知识，以后再换工作时或许会用得上。

期间，我也有信心动摇的时候。

我已有 10 年工作经验，有 CPA 证书，有不错的职业履历，随便找一家小公司做财务经理或内部审计经理完全没有问题，根本用不着这般辛苦！

我心中的信念支撑着我走下去。

自尊与要强让我选择了坚持。

一年后，集团全球业绩汇报比赛即将召开。我是财务部唯一参赛的人。

通过这一年的努力工作，我已经基本掌握财务部的所有情况。好的地方进行提炼，差的地方进行改善，一个完整的财务管理线路图在我脑海里初步形成。报告写出来后，内容既全面又重点突出，而且逻辑缜密、思路清晰。

在集团全球业绩汇报比赛上，我自信地站在演讲台上，一战成名！我不仅力压业务部，拿到了历届管理部从未获得的一等奖，更是获得了领导的高度赞扬。

比赛结束后，彭总满脸笑意地向我竖起了大拇指。

那一刻，我知道自己赢得了彭总的认可，并且给领导留下了不错的印象。

我在这里的目标已不再是丰富自己以寻求机会再次跳槽，而是要将这里作为自己施展才华、放飞梦想的职业舞台。

变革、规范财务管理体系

在总部工作的第一天，我向部门秘书提出了一个工作请求：

“能不能把财务部的财务制度、规定或流程文件给我学习一下？”

秘书抱歉地笑了笑，说：“不好意思，我这里没有这些文件，我可以帮你问问其他同事有没有。”

结果，她帮我找来了一些通知、审批表单之类的文件，但制度或 SOP 确实没有。

说实话，这让我有些惊讶，这么大的企业怎么会没有一套完善的制度或流程呢？

另外，我在企业内部流转的文件资料上，看到很多人只签名字却不签日期，这也让我觉得不可思议。

我问同事，“这样不注明日期，不就不知道这份文件在每个环节各自停留了多长时间吗？”

同事奇怪地看着我说：“为什么要签日期？我们是不签的。”

不同的企业的管理思维和管理方式确实不一样。

在现实中，有些企业虽然规模大，但是却没有严谨、完善的规章制度。身在其中的员工习惯了，没有人会觉得这有什么问题。这家企业就是这种情况。

经过一段时间的观察，我还发现企业存在总部工作职责定位不清晰、不准确的问题。

总部财务部员工更多的是做统计方面的工作。他们虽然负责集团某一方面的财务职能，但工作方式往往是单纯地汇总各公司的工作数据。而且，这些数据在口径上通常也没有勾稽关系，他们只是当集团领导提出要什么数据时，通知下属公司报上来，然后自己加计汇总就可以了，至于数据准确与否，那是下属公司的事。

如前所述，因为在一些管理流程上，总部不是采用细化的 SOP，而是主管人员可以灵活指挥，这就造成下属公司的一些流程经常变动，结果就是下属公司做事的人只能跟着指挥棒跑，如此一来，前后数据难有可比性，甚至找一个数据都需要一点一点地细分筛选。这样不仅效率低，而且给下属公司增加了很多额外的工作量，做事的人苦不堪言，但又敢怒不敢言。

对于这些状况，我只能看在眼里、记在心上。

作为一名新人，我首先要把自己的工作做好，尽快上手，逐渐赢得领导的认可，以站稳脚跟。

在我得到了彭总的认可后，我认为可以尝试向她提出我的一些想法和建议。

为了能够取得好的效果，我希望可以有机会与彭总进行一次深入的沟通，这样才能把我的想法和意见讲得透彻，获得她的理解与支持。

一天晚上，我在办公室里加班，彭总正好也有一个会议开得晚。等她从会议室走到财务部，发现办公室里只有我还在。

她关切地走到我的工位和我打招呼。

她说："这么晚了你还在做事？早点回去休息吧。"

我赶紧从座位上站起身，笑着对她说："没关系，我还剩一点做完。"

彭总随后表扬了我的工作表现，又问了我在这里的工作和生活情况。

她当时心情不错。

这是一个不错的沟通机会。

于是，我问道："彭总，您现在有时间吗？我有一些工作上的想法想跟您报告一下。"

彭总开心地说："好啊，我也很想听听你的意见。走，到我办公室，慢慢说。"

在去往彭总办公室的路上，我快速地把思考了很久的问题在脑海里过了一遍。

我在彭总的办公桌前坐定后，把长时间以来注意到的总部财务部的工作风气等主要问题向彭总做了阐述。出于礼貌，有些地方我说得比较婉转，以彭总的洞察力，我相信她能明白我的意思。

彭总听得很认真，中间甚至鼓励我，"没关系，你可以把你的看法直接说出来，不需要顾忌什么，今天咱们就是知无不言、言无不尽”。

有了她的鼓励，我心里更加坦然，也更加有信心。

我对彭总说：“我认为企业现在规模已经很大了，以前存在这些状况也能理解，但是在当前的发展形势下，我们应该变革思维，明确我们的工作职能，改变我们的管理方式。”

“企业的很多业务已经处于成熟状态，我们应当细化流程，建立标准化作业程序，将每一个环节的岗位职责、责任部门、责任人、作业标准和作业时间等明确地界定下来，形成 SOP，大家共同遵守。这样不仅可以避免很多纠纷，而且可以提升作业效率。即使出现了问题，也能立马找出是哪个环节出了问题，原因是什么，谁应该对此负责。这对于避免以后问题的再次发生，可以起到很好的警示作用。”

“总部与下属公司应该是裁判员与运动员的关系。总部是裁判员，职责是在大领导和集团高层的带领下，将他们的战略意图和要求制定成一个个可执行的方案，让下属公司贯彻实施。在实施过程中，总部应当给予必要的指导、服务与监督，这样才能‘上下一盘棋’。下属公司是运动员，职责是按照总部的要求和标准把具体事情做好。”

“为了提升下属公司的执行力，从而更好地实现目标，我建议，可以考虑由总部组织在下属公司之间进行量化指标的考核和比赛，选择有重大财务贡献度的指标，如对现金流的正贡献、对利润业绩的正贡献等。每个月的比赛结果在集团内相关单位、部门间进行通报，做得好的下属公司应当考虑给予奖励激励。这样下属公司才会更加有动力，不会出现做好做坏无所谓的心态，也更能突显出总部的组织、领导作用。”

彭总很认真地听我讲，中间未打断过我。在这个过程中，她始终微笑着看着我。从她的眼里，我能看到她对我的赞许与认可。

终于讲完了，我谦虚地对彭总说，“这只是我的一些粗浅思考和想法，不是很成熟，有不对的地方还请您多批评。”

彭总说：“我完全赞同你的看法，也非常支持你的意见，非常好！这些才是我想听到的！这些年来，我们不少员工思想上已经固化了、惰化了，不愿意去想、不愿意去思考，还总觉得自己做得不错，这是非常危险的。这些方面虽然我也有注意到，但是一直没有时间去理顺，现在好了，你可以放手去做，我完全支持，改变一下我们的面貌和格局。”

我对彭总说：“其他同事也不是做得不好，只是可能他们习惯了自己的做法。这些变革就先从我负责的工作开始。至于效果怎么样，同事也能看得到，这样以后推广起来也更有说服力。”

彭总一口答应下来。

我按照考虑好的计划，召集下属公司相关人员开会讨论制定标准操作流程，一个环节一个环节地梳理，一个环节一个环节地确定，使流程的各个环节内容具体、责任清晰，包括操作时间都做了明确的规定。

标准操作流程完善后，各环节严格按照标准执行，极大地提升了流程运行效率。中间也曾出现过同事以各种理由要求变更流程的情况，但都被我拒绝了。

经过一年多的整顿，我负责的各项工作井然有序，下属公司执行人员也都很高兴，因为他们的操作有章可循了，工作量也减轻了很多。

与标准操作流程同时完善的是指标比赛和激励制度，

这项工作花了一些时间，费了一些周折。

激励意味着发放奖金，而在任何公司要获得批准发放奖金都不是那么容易的。

我选择了两个关键财务指标，并对此拟定了详细的考核、评比和奖励方案。方案经彭总批准后上报给了总经理办公室。

几天后，方案被总经理办公室退回来了。他们表示看不明白我的方案是什么意思。

于是，我邀请他们的审核人员开会。会上，我详细地向他们解释指标是怎么回事，方案是怎么回事，指标达成后能为企业带来什么好处……

最后，我对他们说："虽然我们会支付一些奖金，但是从获得的回报来说，这是非常值得的。例如，我们通过这些行动，能为企业多增加 100 元的好处，那从中拿出 5 元作为激励，对企业来说不是会更有益吗？当然，在数据的考核核算方面，我们会邀请贵部门及审计部对数据进行检查和审计，保证不会乱花企业一分钱。"

方案在审核人员这里通过了，但是在他们负责人那里没有通过。

于是，我又约总经理办公室负责人开会。会上，我把此前与审核人员谈过的内容又向他们详细汇报了一遍。

后来，我按照他们的要求对方案进行了修改和调整，方案审核通过了。

方案经总经理办公室审核通过后，还需要通过总裁的审批。

为此，我做了一个简化版的报告，简要地说明了方案的目的、背景、目标、投入与产出的比较等，方便总裁阅读。

最后，方案经总裁审批通过了。

有了评比，有了激励，下属公司的干劲儿明显不同了。用他们的话说，以前干好干坏一个样，现在不一样了，干好了，不仅会受到表扬，还有奖金可以拿。

下属公司的积极性被调动起来了。我作为总部的组织和主管人员，自然成绩斐然。

培养骨干下属，查处内部贪腐

由于工作出色，在总部工作三四年后，我从财务经理晋升为财务总经理助理，并且颇得彭总的欣赏。

除了日常工作汇报，我有时候会和彭总谈财务体系人才梯队建设方面的问题。

当时整个集团财务体系的人员数量已经达到了几百人，且大多数已经在企业服务多年。这些人员完成自己手上的本职工作没有任何问题，对企业的情况也非常熟悉，做起事来得心应手。但是他们大多安于现状、缺乏进取意识，不愿意接受新思想、新思路。他们做一名常规的程序执行人员是可以的，但要培养成高阶的主管，显然不行。

我向彭总提出，集团发展得这么快，每个新公司都需要由总部派出财务经理或财务总监，以现有的人员结构来看，未来肯定是不能满足需求的。我不建议在有岗位需求时再由外部直接招募财务经理或财务总监，他们仅是在企业文化的认同度方面就往往有很大的问题。我的意见是通过内部选拔及外部招募优秀应届毕业生的方式做人才储备，我愿意培养和带领他们。

彭总欣然应允。

经过仔细挑选，四个年轻人陆续加入我的团队。他们尊敬地称我为师父或老师。

大徒弟是应届硕士毕业生，优点是成熟稳重，能深入思考问题，宏观意识强。

二徒弟是应届本科毕业生，优点是爱学习，英语水平高。

三徒弟是原下属公司主办会计，优点是爱思考、机灵，情商高。

四徒弟是原下属公司财务专员，优点是聪明、悟性高，喜欢 IT 知识，还是一个 Excel 表格制作高手。

根据他们的特点，我开始对他们分方向培养。

大徒弟跟我学习宏观金融形势分析、银行融资和第三方公司商务谈判、企业内部控制体系设计及采购端财务管理。

二徒弟跟我学习企业进出口外贸方面的业务与财务管理，具体包括一般贸易、转口贸易、进料加工、来料加工、深加工结转和出口退税等。

三徒弟跟我学习销售公司的财务管理与控制，具体包括买方信贷业务、客户价值分析、客户风险分析与控制和收支两条线等。

四徒弟跟我学习集团财务数据分析、建立财务分析数据模型及信息化建设研究等。

每周他们都会开会讨论、分享，让其他人知道自己在学习什么、研究什么、遇到了什么案例。自己学习的部分要逐渐精通，别人学习的范围要慢慢涉及，同时要思考别人学习的内容在自己的领域如何应用。

他们在讨论时，我会旁听，如果他们有困扰的地方，我会告知他们正确的方法和方向。

我对他们提出了自己的要求。

（1）凡事多问几个为什么，并且自己去思考答案；提交给我的问题，不允许只是开放性的问题，必须附上自己的见解或答案。

（2）要切实学习和体会换位思考，不能只从自己的角度去考虑问题。

（3）三年内必须考过国际注册会计师（The Association of Chartered Certified Accountants，ACCA）或 CPA。

（4）接到下属公司的电话或邮件，不管对方职务高低，即使不能回答或暂时解决不了，也不能将电话或邮件直接转给我。

（5）每隔一段时间需要到下属公司，以内部检查、学习交流的方式去检查、学习下属公司的财务运作，包括账务处理、结算、资金、费用、融资和税务等方面，并了解实际业务操作状况。

（6）每个月用 PPT 向我汇报一次工作，汇报时长需要按照我的要求。

（7）学习撰写各种文件、报告，只要我认为不合格，就必须重写。

他们的学习能力非常强，有悟性、有韧劲，能坚持，成长进步的速度非常快。

在我给他们定的规矩中，很重要的一项就是不要拿具体、细节的问题来向我求助，遇到问题可以和我探讨解决的方法，但不能自己不思考，直接问我应该怎么办。

我要教他们的是看待事物的方式，以及解决问题的方法和思路，而不是某个具体问题的答案。

授人以鱼，不如授人以渔！

下面举一个我带领他们查处下属单位舞弊的案例。通过这个案例，他们明白了财务管理不仅仅是学会财会专业内容，而是要能融入企业的经营中。在具体的环境中，将自己的专业能力与实际相结合，灵活运用，只有这样才能发现问题的本质。

> **一些看似正常现象的背后，可能隐藏着巨大的漏洞或风险。**

记不清楚是2012年还是2013年，当时下属两家贸易公司的总经理休假后逾期一个月没有来上班，后来连电话都打不通。

总裁通知彭总派人去看一下，彭总就把这个任务交给了我。

周五晚上接到通知，周六一早我就带领他们赶往那家公司。

这位总经理分管两家贸易公司，它们都在同一座城市。因此，我们五个人分成了两组，我和四徒弟一组，剩下三个人一组。

我和四徒弟让公司的工作人员把报表、账册和凭证全部拿出来，开始进行检查。

我和四徒弟发现了一些问题。

（1）有 5 000 多万元的煤炭应收款已逾期几个月还没有收回，存在坏账风险。这笔应收款有一家国有企业做了担保。

（2）存在滥发奖金、乱支费用的现象。

（3）未经总部许可，为集团外部第三方公司代理开立 90 天期限的国际进口信用证，且对该第三方公司为信用赊账，存在一定的赊账风险。这笔业务签订了代理协议，收费也符合市场标准。

晚上回到酒店，我召集他们开会。

大徒弟说了他们这一组的检查情况，发现的问题基本上和我发现的差不多。

他们觉得这样的检查结果应该已经差不多了，毕竟只是两家贸易公司，账务相对简单，而且现金盘点、银行余额调节表并没有什么问题。

但是，我觉得事情不会这么简单！

我提出了疑惑："你们觉得单凭这些问题，这位总经理有必要不来公司上班吗？"

他们陷入了沉思。

我开始给他们分析："这些问题，说到底只是违规，顶多被总裁责备两句。所以，我认为肯定有没有被我们发现的问题。"

他们都点头，同时也在疑惑，会是什么问题呢？

公司的钱账实相符；没有存货；应收款就那笔 5 000 多万元有问题，但这纯属公司的业务操作，只能算是他工作失职；乱发奖金、超权限报销的问题已经列明了。

好像真的没有问题了。

两家贸易公司，出于某些方面的考虑，在股权上与集团总部没有任何关联，但操作上当然是实际控制。其中，一家是做煤炭经营，另一家是为所在地工厂提供配套采购、国内部分成品销售及进出口等服务。它们的业务范围主要限于集团内部，未经总部许可不允许做外面的生意。但是为代理第三方开立信用证，属于向集团外融出资金的行为，虽然收费符合市场标准，但因为没有经过总部的批准，属于违规。

这两家公司虽然是贸易公司，但是不动产却有上千万元，年营业额合计也有几十亿元，差不多可以算是中等规模的企业了。

三徒弟提出，“最大的问题可能还是在那笔 5 000 多万元的煤炭应收款里。估计这位总经理在这笔交易中拿了不该拿的钱，所以即使对方还不出钱来，他也不敢报给法务部提出诉讼。眼看这个事情自己处理不了，干脆就不来公司了。”

三徒弟说的有一定的道理！

但这只是推测，没有任何证据。没有证据就不能写进报告，更不能呈报给总裁。

二徒弟说："有证据，看看他们报销的那些费用，发放的那些奖金，就知道这位总经理肯定有问题。"

我立马否定了他，这当然不是证据！

我让四徒弟打开计算机，给他们看我今天做的一张费用分析表——煤炭进口采购的海运费用表。

我问他们："从这张表中你们能获得什么信息，提出什么疑问？"

二徒弟说："既然产生了海运费，说明他们和境外供应商的贸易方式是船上交货价（Free on Board，FOB）。"

大徒弟说："FOB？那就和工厂进口煤炭的贸易方式不一样，工厂都是成本加运费（Cost and Freight，CFR）。"

大徒弟问道："难道是他们的海运费支付有问题？"

"没问题，"四徒弟回答说，"师父让我比对过了，每一笔海运费和提单都能一一对应。"

他们都疑惑地看着我。

"你们看一下船运公司的名字，"我提示说，"再对比看一下那个请他们帮忙开信用证的公司的名字。”

他们看后，说：“公司的名字是一样的！这说明是同一家公司！”

大徒弟说：“我想起来了，这家公司也是工厂的主要煤炭供应商！”

我接着问道：“工厂对这家供应商的付款条件是什么？”

“‘后 TT60 天’，也就是提单日后 60 天工厂付款。”大徒弟说道，“这家供应商让我们的煤炭贸易公司帮他们开 90 天信用证，并给他们放款。他们在第 60 天后收到我们工厂的钱，再在第 90 天时付给我们的煤炭贸易公司。这是用我们的钱做我们的生意啊！”

我冲大徒弟竖起了大拇指！

我告诉他们，“下午我已经和工厂采购的同事确认过了，这家公司以前是做海外煤炭运输的，也就是一家船运公司。后来我们的煤炭采购从国内采购转为进口采购以后，他们开始给我们供应煤炭，而且现在已经成了我们的主力供应商。所以，他们既是运货的船运公司又是货物供应商，只是因为工厂的贸易方式是 CFR，所以工厂从未给他们付过海运费。”

不管怎么说，这家供应商专门利用我们的贸易公司代理开证，起码说明了两个问题。

第一，他们的资金实力不足，根本不应该成为我们的主力供应商。

第二，他们这么做等于给自己做了一个前后安全阀门。如果我们的工厂因为质量等某些原因不给他们付钱，他们也可以用不付钱给我们的贸易公司作为威胁。这家公司根本就不配成为我们的合作伙伴。

他们听得很认真。

“这种船运公司和供应商合为一体的公司，还有一点较为可怕。”我继续给他们分析，“煤炭是散货，所以在进口时全是用散货船运输。船到达我们工厂的目的港后，是通过传送带直接传送到煤炭堆场的方式卸货，这期间根本不可能用卡车运载过磅，因为那样成本太高、效率极低。这些煤炭的重量靠什么来确定？就是船运公司签发的提单上的数量。”

“船运公司如果和买卖双方没有任何利益关系，那么这个数量一般是准确的，不管是通过船身的水位线还是什么别的技术都可以测定。但是如果船运公司和卖家是一体，这里的漏洞就会比较大了。”

“这里面问题最大的应该是总部采购中心，而不是这位总经理。这位总经理肯定从这里面获得了好处，要不然他不会明知集团对代理开证管控很严，还违规去做。但是这样的供应商能进入我们的采购体系，而且还是主力，负责集团招投标的总部采购中心难辞其咎！”

“对于这个发现，我要求你们必须严格保密。这个问题我要向彭总汇报后再看如何处理。”

他们心里清楚我警告的内容的重要性！

没想到牵出了一个案中案，把总部其他部门牵涉进来了。

大徒弟说：“说到海运费，今天我们也发现了一个情况。只是我们觉得这种情况是实际存在的，而且也和相关人员确认过，所以就没有把它当作问题。”

我问道：“什么事？”

大徒弟说：“您看，就是他们有很高的国内成品销售运输费用。我们问了他们公司的主管会计，他说这些运费是帮工厂支付的。我也问了工厂的相关人员，他们都确认有这件事情。”

我又问道：“你有没有问他们的流程操作是怎样的？”

“没有，”大徒弟回答说，“我问了几个人，他们都很确定地表示知道这件事情，我看大家都知道，估计就没有问题，所以没有再继续查下去。”

“这样不可以！”我说，“这么大额的费用一定要验证，不能放过。你通知工厂物流部的人，明天我要和他们谈一谈。”

> **我觉得这里面很可能有问题！**

第二天一早，我到公司后先看了几笔运费的记账凭证，发现后面只有报销单和运费发票。

我问主管会计：“你是如何审核这样的报销单的？”

他回答说：“这个审核是在工厂物流部进行的，物流部负责与物流商对账，我只是按照发票金额付款。”

过了一会儿，工厂物流部的人来了。我让他跟我说一下他们的运费结算流程。

他对我说："销售系统里生成的送货单会自动根据送货地点匹配运输商和路线，根据路线的招标运价和送货数量又会自动生成运费结算单。每个月，他会用运费结算单和运输商进行对账，核对无误后，运输商开发票过来，然后由工厂或贸易公司付款。"

我问道："你会核对运费结算单与发票吗？"

他回答说："工厂付款的部分我会进行核对，但贸易公司这边付款的部分我没有核对。因为我不是在贸易公司工作，不用我准备报销单和付款申请，所以贸易公司的发票都是由运输商直接开了交给贸易公司。"

我让他马上把贸易公司每个月承担的运费结算单数据导出来拿给我，然后我让四徒弟把工厂运费结算单数据和贸易公司运费结算单数据做对比。

水落石出！

贸易公司几乎每个月实际支付的金额都要大于应结算金额。几年下来，金额高达上千万元！

查出了这个问题后，我大概知道这位总经理为什么不来公司上班了。

煤炭应收款的 5 000 多万元长期收不回来，总裁必然会让集团法务部介入。而法务部又一定会请内部审计部或财务部一起调查，这样就会把他乱支费用、乱发奖金的事情查出来。总裁知道这些后有可能会把他撤换掉或调离，而新的总经理一过来，他贪污的事情就可能会败露。

所以他越想越怕，干脆不来公司上班了！

蹊跷的是，这个贪污的问题我刚发现一个小时，这位总经理便主动给彭总打了一个电话。

电话中，他痛哭流涕地说："对不起这么多年来彭总对我的关怀。我用贪的这些钱买了银行理财产品。我马上会把这些钱退还给公司。"

这些是彭总告诉我的。

我怀疑贸易公司或工厂里有他的同伙，否则他在国外怎么可能会那么快得到消息？他的同伙一定一直在盯着我们，看我们能不能把这个问题查出来。

至此，这位总经理的问题已经完全调查清楚了，我带着徒弟踏上了归程。两天时间，查出了这么重大的舞弊案件，相信他们深有感触！

周一一早，我把情况向内部审计部做了通报，并把这两天收集的资料交给了他们，后续的具体调查就交由他们去做了。

这件事情的结果如下。

（1）这位总经理贪污的钱退回来了，他用这些钱买了银行的理财产品。产品到期后，公司还赚了一些钱。

（2）案发后，他一直在国外。

（3）我和内部审计部继续调查总部采购中心总经理。几个月后，这位总经理也现出了“原形”，被总裁开除。

（4）贸易公司和工厂的相关人员大多被辞退或处分了。

（5）那家煤炭主力供应商被列入集团黑名单，双方不再合作。

（6）那家配合转款的运输商因为违反了与我们集团签订的廉洁协议，被终止了合作。

（7）那家欠我们集团煤炭应收款 5 000 多万元的客户用一些煤炭和一套房产作部分抵债，后来他们领导因为诈骗罪被抓了，还剩余 1 000 多万元未清偿的款项。我们向为其担保的企业追讨，官司最后一直打到了最高人民法院，结果是我们赢了。

这里只选取了我培养徒弟进行管理实战的一个例子来讲述，其他工作内容还有很多，就不一一赘述了。

> 做财务管理一定要与企业的运作相结合，而且还要学会观察、分析人的本性，最终才能抓住问题的实质。

当然，丰富的经验需要从实战中一点一滴积累，而实战远比我们的教科书复杂得多，也精彩得多。

我教得很用心，徒弟学习得更用心。因此，他们进步得非常快，短短几年后他们已经能够独当一面。当他们可以独自承接某方面的任务后，我会积极地向彭总举荐，推荐他们担任主管职位。一方面是对他们成长的认可与鼓励，为他们拓展向上发展的职业空间，另一方面也是减轻我的工作压力。将我的工作分配、移交给这些年轻的同事去负责。

此后，我负责的工作内容越来越宽，职位也越来越高。

只要自己有能力，徒弟的成长会推动着你更加向上成长。主动传承、让贤，才会让自己走上更大的舞台。

希望大家在工作中亦能如此。

逾期账款大清理

下面和大家分享一下我的一次逾期应收治理经历。

2015 年，由于竞争对手与我们集团新增加的产能同步释放，市场供求关系产生了较大的改变，集团原本具有的产品优势受到较大冲击，销售数据也出现了明显的放缓势头。每天的销售进度极不平衡，销售任务基本上都要靠月末冲销量才能勉强完成。虽然销量可以冲，但客户的回款却没有办法冲，这导致集团应收账款急剧上升，且客户账款逾期越来越严重，最高峰时期居然高达六亿元。

初始，总裁对销售团队说："现在市场情况不同了，你们不要再围着那几个代理商转了，而应该下沉到市场末端，理顺一线销售渠道，这才是根本之道。同时，你们要抓住现在国家供给侧结构性改革的有利时机，利用我们的优势，开发、抢占新客户，进而扩大我们的市场空间。”

每次销售团队当着总裁的面都答应得特别好，但结果却一直没有改变。

几个月后，面对不断恶化的逾期金额，总裁终于痛下决心，整改销售组织架构。

总裁撤掉了管理集团销售团队多年的销售总监，调整、调换了其下属各销售公司总经理，同时将销售职能划分为两个部分：一部分是负责销量的业务团队，另一部分是负责管理和支持的管理团队。业务团队由销售总监负责，管理团队由销售管理总监负责。

出于对我的管理能力的认可，总裁将我由财务部副总晋升为销售管理总监，负责整个中国区的销售管理和支持工作，统辖销售体系人事、财务、会计、信用管理、物流和 IT 等各项职能。

对于逾期账款管理，我们一定要搞清楚不能及时回款的原因，这样才能更好地解决问题。真正的逾期账款原因可以分为正常原因和非正常原因两类。正常原因问题不大，实在不行还可以通过打官司解决。对于非正常原因，销售部自然不会如实相告，他们只会告诉你这是“销售不畅，客户资金回笼缓慢”或“市场竞争激烈”等原因造成的。但事实如何，需要你去观察、了解和分析。

经验表明，正常的逾期账款原因主要包括以下七种。

（1）整体或行业的资金面受到外部环境及宏观政策调控的影响，融资困难，资金回笼速度慢。

（2）客户不按时付款。

（3）客户的经营重点或经营方向发生改变，对原业务的欠款支付不积极。

（4）客户出现经营不善或受投资失败拖累的状况，支付不了资金。

（5）与客户之间存在经济纠纷，纠纷不解决，客户不付款。

（6）客户信用不佳，恶意拖欠。

（7）企业给予客户的信用政策过于严苛。

非正常的逾期账款原因主要包括以下五种。

（1）销售人员为了完成销售任务指标，硬性要求客户开票、压货。

（2）与客户之间存在因销售人员个人原因（如个人借款、私自承诺、私自与客户合伙经营等）导致的经济纠纷。

（3）存在“影子”客户或“马甲”客户。

（4）借用客户名义，掩盖冲销量、赊账之实。

（5）销售人员自己设立公司，以客户名义谋私利。

对于正常的逾期账款，销售人员可以通过多走访市场、多拜访客户、认真了解客户等方式解决。真正有难度和风险的是非正常的逾期账款，它们被精心地掩盖起来，我们如果不能发现问题实质，就无法解决。

我邀请销售总监一起开会，提出要对目前销售公司存在的诸多问题进行清理和改善，尤其是当前最紧要的逾期账款问题。销售总监自然是双手赞同。因此，我们很快就达成了一致的逾期账款处理方案：

（1）设立逾期账款清收关键绩效指标（Key Performance Indicator，KPI），与业务人员绩效直接挂钩；

（2）对“影子”客户和“马甲”客户全面清查、清理；

（3）对为冲击销量指标而硬性给客户压货所形成的被动逾期，与客户沟通给予换货、调给其他客户或退货；

（4）与所有逾期客户当面对账，清查各种正常与非正常经济纠纷事项、金额及责任人；

（5）评估客户实际交易规模，停止借用客户名义的行为；

（6）修改诉讼案件提报流程，由业务部评估客户是否为恶意拖欠改为由销售部评估，评估确认后直接移交法务部按法律程序处理；

（7）对清查中发现的业务人员开设公司，销售集团产品进行谋利等严重违规行为移交审计部和反腐部处理；

（8）对主动报告、改正并督促清收账款的业务人员，可以既往不咎或从轻处理，对依然我行我素甚至隐瞒抵抗的，一律严肃惩治。

逾期账款处理方案经与销售总监共同签署后下发，成效很快显现出来。

第一个月逾期账款直接下降了一亿多元；

第二个月逾期账款又下降了近一亿元；

……

经过不懈的努力，半年内共清理逾期账款四亿多元，使应收账款回到了正常的指标水平，也完成了向总裁保证的目标。

两年后，我偶然欣慰地得知，虽然我对业务人员管理很多，要求也比较严格，但他们却把我誉为“最懂销售的管理总监”。

再轰轰烈烈的事都是靠日常的点滴积累才能慢慢做出来的，更何况每天哪会有那么多轰轰烈烈的事。让自己不断处在对工作精益求精的思考中，纵使很多事情自己暂时解决不了，但可以看在眼里、记在心上，这本身就是积累和进步，当机会来临，自己才能一把抓住。

韬光养晦，静待花开。

本章金句：

- 实战远比我们的教科书复杂得多，也精彩得多。
- 主动传承、让贤，才会让自己走上更大的舞台。
- 再轰轰烈烈的事都是靠日常的点滴积累才能慢慢做出来的，更何况每天哪会有那么多轰轰烈烈的事。
- 韬光养晦，静待花开。

读书笔记

我的成长小目标

Chapter 07
第 7 章

财务职业道德

对财务人员来说，良好的职业发展离不开优秀的职业道德，虽然这与专业无关，但这是做人的起码要求，做事先做人。

心地无私，何惧流言蜚语

2013年，我已经是集团总部财务部副总经理。当时根据总裁的要求，我负责牵头整合集团全球海外贸易资源。为了便于管理和运作，我把运作机构放在了离总部不远的一家下属公司，并指派了一位财务经理负责日常管理。为便于讲述，我就称她为Y经理吧。

Y经理对国际结算及业务流程很熟悉，工作也十分积极、努力。

因为我新建立的运作机构与Y经理原来公司的业务上没有交叉，所以她的汇报路线就由向公司的财务总监汇报改为直接向我汇报。

虽然是一项新工作，但各方面她都理得顺，各项工作开展得也不错。虽然她是第一次带10多人的团队，但团队组织和建设做得都让我很满意。

开始时，我每隔一两周会过去看一下，后来工作忙，去得次数就少了。Y 经理每周到总部开会时会向我汇报工作进展，我再给她布置新的任务或提出新的要求。

一年后的一天，总裁通知彭总和我到海外总部参加财务会议。我预计总裁可能会提起集团全球海外贸易资源整合的事，考虑到一些具体的细节我并不是很清楚，为了保证会议效果，我向彭总建议带 Y 经理一起去。

彭总犹豫地说："高层会议带她去合适吗？"

我对彭总说："让她去主要是为了有备无患，如果总裁谈到了这个问题，而且海外总部希望具体讨论某些细节的话，就让她参会；如果不需要，就不让她参会。"

彭总勉强同意了。

几天后，我们到达海外总部开会。在第一天讲完几项大的财务内容后，第二天总裁就提起了集团全球海外贸易资源整合的事。海外总部的同事也反映他们的流程有些不顺，需要再讨论一下，我就安排 Y 经理和他们进行研讨。因为是具体事项，总裁、彭总和我都没有参加，只是后来听了他们对讨论结果的汇报。

财务会议结束后，我们回到了国内，我也没有再想这件事。

一个多月后的一天，我当时正在开会，突然收到大徒弟发来的一条短信息："有一封邮件，您方便的话出来看一下。"

我走出会议室，大徒弟手里拿着笔记本电脑正在门口等我。一见到我，他就把电脑打开，屏幕上显示的正是那封邮件内容。我仔细看邮件标题，令我震惊——"关于对 Y 某重大违规行为的举报"。

Y 某就是 Y 经理。

我快速地把邮件内容浏览了一遍，主要内容有以下两个方面。

（1）Y 某工作作风飞扬跋扈，团队怨言多。

（2）Y 某在工作中有舞弊、受贿行为。

这是一封实名举报信，举报人是小 Z，他是 Y 经理的一位下属员工。更为关键的是，这是一封包含很多收件人的群发邮件，而且排在最前面的收件人是总裁！

我正要拨打 Y 经理的电话时，她先给我打过来了。

电话中，她说："昨天下午我安排小 Z 做一项工作，但小 Z 认为他的工作已经很多了，忙不过来，不愿意做，然后我就要开除小 Z，结果小 Z 说开除他，他也不做。于是，我就找了人事经理，要求当天解除小 Z 的劳动合同。小 Z 拿了补偿金就离开了公司。没想到，他离开公司前复制了公司大部分领导的邮件地址，然后今天就发了这样一封举报邮件。"

我质问她说："开除员工这么大的事情，你为什么不向我汇报就决定？谁给你这么大的权力？"

她委屈地说："小 Z 不听从我的工作安排，当面顶撞我，不开除他，我以后怎么带领团队？而且小 Z 现在污蔑和攻击我！"

"这是两回事。"我对她说，"你未经总部核准，擅自做主开除员工，这是越权。他是不是诬陷你，要由公司调查了再说！"

说完，我便挂断了电话。

大徒弟看着我，说："现在应该怎么办？"

我回答说："从她越权开除小 Z 这件事情上看，她的工作作风确实有些飞扬跋扈。你帮我约一下他们公司的 L 总和人事经理，我开完会就过去和他们见面，了解一下具体情况。"

大徒弟点头离开了，我回到会议室继续开会。

下午，我来到 Y 经理的公司，见到了 L 总和人事经理，寒暄两句后我直接表明了来意。

"L 总，"我说，"虽然 Y 经理业务上向我报告，但是她的人事编制隶属于你们公司，为什么她要开除员工，你不阻止呢？"

人事经理说："L 总阻止过，劝了很长时间，但是 Y 经理执意要求，所以……"

我生气地问道："所以你们就同意了？"

L 总犹豫地说："有句话我不知道当讲不当讲。"

我说："没关系，您有话直说。"

L 总说："您是她的领导，我们以为她的意思就是您的意思。"

“这是什么话，”我说，“我对待下属从来都是工作关系，她怎么可以代表我？我看举报信上说，她平时工作飞扬跋扈，有这种情况吗？”

L总笑着说：“没有信里说得那么严重，不过跟之前相比，她确实变了许多，尤其是上次到海外总部参加会议以后。”

我问道：“参加一次会议怎么了？”

L总说：“在您眼里就是见一次领导，但是在她看来就不一样了。她回来以后经常说，这是我跟总裁开会时定下来的内容，所以很多事情都要听她的。您说，连我这个总经理都不能轻易见到总裁，我还能说些什么呢？”

我一时哑口无言。

我不该越级让Y经理参加高层会议。从职场规则来看，这等于在向外界传达一个信号：Y经理是我很信赖、很器重的人。更糟糕的是，Y经理本人也接收到了这个信号。不管是为了炫耀还是抬高自己，不自觉地就会在公司有了高人一等的表现，而这种表现更加印证了别人对这种信号的看法。

回到总部，我正要向彭总报告，发现她已经知道了这件事情。

我先做了自我批评，结果被彭总打断了。

“现在我们先不说这些，”她说，“这件事情你打算怎么办？”

我思考了一下，说出了我的想法。

第一，向总部内部审计部通报这件事情，后续是否调查由他们决定。

第二，要求 Y 经理所在公司的人事经理与小 Z 沟通，公司虽然开除了他，但是程序是符合《中华人民共和国劳动法》的。他虽然有举报和申诉的权利，但是应当使用公司规定的渠道，而不是这样群发邮件，影响公司正常的工作。

第三，按照公司规定对 Y 经理进行处理。

彭总点头同意，让我去做安排。

两天后，小 Z 再一次群发一封举报信。内容除了之前的事情，还增加了一项——“Y 某在总部有‘保护伞’，所以她才敢如此为所欲为！”

这明显是在说我！

我赶到Y经理所在公司，问人事经理这怎么回事，他说上次在与小Z沟通时，小Z已经答应他不会再发邮件，谁知他食言了。

我生气地说："你告诉小Z，他举报的目的已经达到了，公司如何调查、如何处理与他无关。"

后来，我和彭总商量，这件事情闹得沸沸扬扬，一来有损财务系统的声誉，二来难免引起基层员工的议论和猜测，三来这件事情如果不尽快给出处理意见，后续不排除有其他员工模仿这种做法。

彭总同意我的意见。

我接着说："现在我是举报信里影射的对象，而且Y经理是向我汇报工作，所以在这件事情上我不仅要回避，同时也申请公司对我进行调查。我建议您将这件事情交由内部审计部处理，这样才客观、公正，才能服众。"

彭总考虑了一下，说："好，不过今天已经是周五了，我约内部审计部经理下周一见面谈这件事情，请他们调查处理。"

“对不起，”我对彭总说，“又给您添麻烦了。”

彭总说：“我非常了解你，我知道你是为了工作，但是 Y 经理年少轻狂，这件事情对她也算是一个教训。”

我起身离开了彭总的办公室。

整个周末平安无事，小 Z 没有再发邮件。

清白坦荡，何惧飞行检查

周一早上 8 点，我还没有到公司，就接到了 L 总打来的电话。

电话里，他说："不好了，海外总部派人来了！"

我问道："海外总部？我们中国总部没有得到一点消息啊，他们过来做什么？"

L 总说："他们是海外总部审计部的，受最高层指派对我们进行飞行检查。他们进门不到一分钟，我就收到了海外总部发给我的审计通知，要求所有人员全部到岗，封存所有档案资料，供他们稽核、检查。"

这时我已经知道原因了，简单地和他说了一声"知道了"，便挂断了电话。

早上 8 点半，我来到彭总的办公室。听完我的汇报，她很惊讶。

她事先也没有得到任何消息！

后来，她生气地说："总裁这是什么意思？这不是摆明了不相信我们吗？我要找总裁问个明白！"

"彭总，这个电话不能打，"我对她说，"审计部直接对总裁汇报，这些人当然是总裁派过来的。我们都是职业经理人，总裁有权力对企业内的任何人进行调查。我们现在能做的就是全力配合调查。现在总裁派海外总部的审计部人员来调查，说明他更想知道事情真相。我用我的人格向您保证，我没有做过任何对不起公司的事情！ Y 经理虽然有缺点，但是我相信她在职业道德上不会有问题！

彭总听了我的话，心情慢慢平静下来。

她问道："现在这个事情我们就不管了？"

我回答说："是的。"

彭总点头同意了。

我表面上对此事轻描淡写，但内心平静如水也是不可能的。

第二周的周五，中国总部审计部发邮件通知我，下周一上午和我举行审计沟通会，请我安排好时间。

周一早上 9 点，我拿着笔记本准时来到会议室。

会议桌对面已经端坐着四个人，除了一位我认识的中国总部内部审计主管，其他三位都不认识。见我进来，他们起身依次和我握手。经介绍，我知道他们来自海外总部审计部，中间一位是审计部总经理，其他两位是负责本次审计的审计人员。

审计部总经理说："这次审计是按照公司的最高层指令，检查公司运营过程中是否存在违规事项。现在现场工作已经基本完成，就审计过程中发现的一些问题，需要与你进行沟通。"

我点了点头。

他们开始向我介绍审计发现，一条一条听下来，我认为都是工作过程中的一些瑕疵，算不上重大问题。为了表示我对对方的尊重，我同意制定措施进行改进。

差不多过了半个小时，他们的审计发现介绍结束了，并没有涉及任何 Y 经理的贪污舞弊行为。我是她的直接上级主管，按照内部审计程序，如果她有这方面的问题，他们应该会与我进行沟通。

我松了一口气，Y 经理没有让我失望。

他们起身告辞，我握着审计部总经理的手说：“希望你们如实地把这次审计的过程和结果报告给最高层，谢谢！”

他微笑着回答说：“您放心，这是我们的责任！”

把他们送走以后，我马上向彭总汇报了结果。

彭总听完也松了一口气。

我问道：“他们没有约您进行沟通吗？”

她说：“没有，怎么了？”

我笑着说：“没什么，他们没有找您，就说明我没有问题。”

彭总也笑着说：“你有没有问题我还不知道吗？哪里用得着他们查！”

过了几天，我把 Y 经理叫到总部进行面谈。她向我提出了辞职请求。

她对我说：“这两封举报信对我产生了巨大的困扰，虽然审计还了她工作上的清白，但是那些关于我个人的传言让我难以面对。而且这次因为我的原因，招来了这么大规模的审计行动，多少还是触动了公司一些人的利益，我在公司成了众矢之的，在这样的环境下再继续工作也没有意义了。”

我盯着Y经理看了一会儿，心里为她既痛心又惋惜。

我问道：“为什么从海外总部开会回来以后你变化那么大？连你们总经理都对你有意见了。”

她回答说：“我原以为像您一样强势一些，工作可以更好开展，没想到最后是这个结果。”

我叹了口气，说：“强势是需要基础的，强势是要分时候的。我只有在面对原则问题时才会强势，其他时候，大家都是同事，有什么事情不能沟通商量的呢？”

她低下了头。

“你在这时选择离开，也许是好的选择，毕竟人言可畏。”我继续说，“你的国际贸易经验丰富，又懂财务，以后不愁找不到更好的工作。现在，我还能帮你做些什么？”

Y经理抬起头，我递给她一张纸巾。

她说：“我只是担心我的团队。请您为他们安排一位好主管。”

“你放心，我会的。”我郑重地向她承诺，“另外，虽然你是自己辞职，但我会向彭总为你申请六个月的薪资作为离职补贴。我不敢保证能否一定做得到，但请你相信，我一定会尽全力！”

彭总爽快地答应了我的申请。她让我准备一份报告，她签完字后呈报给总裁签字。

总裁批准了这份申请。

一周后，Y 经理离开了公司，二徒弟被我派去接替她的工作。

做了坏事，不要心存侥幸，不是不报，时候未到。

做了好事，不用担心被埋没，是金子总会发光。

做财务，希望大家能恪守公正无私的品质，抵制住各种诱惑。

在浮躁的现实中，让我们始终保持一颗纯净的心。

本章金句：

- 做事先做人。
- 做了坏事，不要心存侥幸，不是不报，时候未到。
- 做了好事，不用担心被埋没，是金子总会发光。

读书笔记

我的成长小目标

Chapter 08
第 8 章

给财务人员的一些建议

前面给大家讲述了我职业生涯中的一些成长历程，篇幅所限，不可能穷尽所有内容。节选出来的那些事，希望能给同行一些借鉴和思考，也希望能够让大家看到财务职业的前途和希望。

与财务相关的专业证书主要有哪些

与财务相关的专业证书有很多，国内的有 CPA、会计专业职称（初级、中级和高级）、税务师等；国际的有 ACCA、美国注册管理会计师（Certified Management Accountant，CMA）、国际注册内部审计师（Certified Internal Auditor，CIA）等。

CPA 证书含金量高、认可度也高，考试难度也大；会计初级职称考试简单，属于入门级别；会计中级职称与税务师的考试难度相当；会计高级职称考试难度高。

ACCA 证书和 CMA 证书在外资企业受欢迎。它们的考试难度都低，但对英语能力有一定的要求。希望做或正在做内部审计工作的同行可以考 CIA 证书，考试难度低。

我上面提到的以外的证书，建议不考。

何时考专业证书

根据我的经验，专业证书越早考越好。如果能够在毕业后的 3 至 5 年内把 CPA 证书考下来，是最好的。

建议优先考 CPA 和会计专业职称，税务师和 CMA 等可以在获得会计专业证书后再考。

建议 35 岁以前的同行，优先考 CPA；35 岁以后的同行，根据自己的实际情况选择考 CPA、会计中级职称或会计高级职称等。

需要注意的是，会计中级职称目前在财会人才市场上已经普遍，仅有这一项专业证书在求职时竞争力可能会偏弱，可以考虑增加税务师证书作为补充。

专业证书考得越多就越好吗

> 我不认为专业证书考得越多就越好，也不赞成将大量的时间都花在考试上。

我的看法是，专业证书有一两个高含金量的就可以了，获得以后应及时将自己从理论学习转变为在实践中学习。多花时间思考实际工作中的问题，研究如何解决这些问题，这对自己的工作才有实际作用。

专业证书更多是解决专业资历、求职敲门砖的问题，是基本硬件；实践才能培养解决实际问题的能力，才能得到进一步的提升。专业证书不能不考，但不建议花太多时间考太多的证书。人的时间和精力是有限的，应当合理分配。

要不要全职考专业证书

有同行曾经问我:“因为工作忙，没时间复习，而专业证书的考试又难，要不要辞去工作，专门用 1 至 2 年的时间来考试？”

我不赞成这种做法，主要原因有以下三个。

（1）通过考试除了需要自身努力，还带有一些不确定因素，如考试时的状态、临场发挥、当年考题的难度等。也就是说，即使自己花了很多时间去专门学习，也有可能考不过。

（2）全职备考会让自己有大的思想压力。因为放弃了工作，就会想着自己一定要考过，但越是如此，就越可能适得其反。

（3）全职备考会让自己的职场出现空窗期，空窗期越长，对自己后续的求职越不利。

> 不建议大家全职考专业证书。

先考专业证书还是先积累工作经验

有同行曾经问我："我应该把时间先用在考专业证书上还是先用在积累工作经验上？"

我的看法是：三年以内的工作经验，对于用人单位来说意义不是很大。如果这三年所积累的还是小企业的工作经验，那么价值就会更小。

从职业的长远发展来说，我认为从事财务工作3至5年的同行，在做好本职工作的前提下，应该将更多的时间和精力用于考专业证书，而不是把时间花在工作经验积累上。

工作经验，更多的是指工作一定年限后对这份工作的深入认知。

> 工作经验会随着工作年限的延长慢慢增加，但是考专业证书却会随着年龄的增长越来越难。

在小企业做全盘还是在大企业做螺丝钉

在小企业做全盘还是在大企业做螺丝钉？这个问题是很多同行在选择工作时经常要面对的，因为各有利弊：小企业规模小，但工作内容更加全面；大企业规模大，但工作内容单一。

我的看法是，

> 有机会进大企业工作一定要去大企业工作。

这是因为，这对自己未来的职业成长很重要。大企业除了分工细致，还有舒适、安逸的工作环境。当然，自己有积极、主动的学习意识、居安思危的长远职业发展思考，才是关键。在工作中，除了要做好本职工作，还要主动学习其他方面的技能和内容。

对于已经工作了七八年以上的同行，我不建议你们去大企业做基础性工作。一是你们会有非常强烈的职场落差感，二是工作内容都是标准化的基础操作，对你们的再成长没有助力。

需要说明的是，不建议把“全盘”作为自己职业发展的终极目标，因为那只是总账性的工作，与财务管理不是同一个概念。

> 一味将“全盘”作为终极目标，会使自己的职业发展很快遇到瓶颈。

去会计师事务所工作还是到企业里做财务人员

会计师事务所的会计师和企业的财务人员都属于财务方面的工作人员。因此，大家在职业选择上就会面临是去会计师事务所工作还是到企业里做财务人员的问题，尤其是通过了 CPA 考试以后。

首先，不要把 CPA 考试和会计师事务所等同起来。虽然说 CPA 是一门职业，但是通常在现实中我们更多地把 CPA 考试看成是代表中国财会专业最高水准的一个考试。至于考完 CPA 以后，是去会计师事务所工作还是到企业里做财务人员，要根据自己的实际情况衡量和考虑。

其次，会计师事务所的会计师也好，企业的财务人员也罢，这二者不存在地位上的高低之分，只是两份不同的工作而已。有些同行可能会觉得是不是会计师事务所专业性更好、专业程度更高，这其实是片面的看法，因为二者的工作内容和侧重点是不一样的。

会计师事务所的工作内容侧重于企业财务报表的财务性审计，看其是否符合企业会计准则的规定，是否真实地反映了企业某一节点的资产负债情况、某一期间的经营业绩和现金流量，其内容更加倾向于财务核算的专业性、准确性和横向的广度，用于评价企业财务信息计量、披露的恰当性，对企业具体的经营管理涉及很少。

企业的财务人员工作重心是协助、支持业务部做好企业的经营，监督、改善、减少企业的各项运营风险。会计核算与对外财务报表只是其工作的一部分，而且是基础部分。因此，企业的财务人员的工作内容侧重于纵向的、具体的财务管理。

> 选择做会计师事务所的会计师还是企业的财务人员，可以根据自己对哪方面更感兴趣，自己未来的发展目标是什么来决定。

做财务还是做内部审计

严格来说，内部审计工作不仅仅局限于财会专业内容，因为内部审计面对的是公司各个职能的检查审计。在实际工作中，内部审计以财务出身的专业人员居多，包括从会计师事务所的外审转行到企业做内部审计的人员，以及企业内部财会岗位转岗做内部审计的人员。

内部审计的优势是职业风险小，是对内的稽核与检查，基本不涉及税务、融资等工作风险。

内部审计职业也有以下四个方面需要注意。

（1）就业范围比财务窄。一般规模大的企业才会设置内部审计部，而且人员配置通常不会很多。

（2）做内部审计需要有强大的内心。在查别人的问题时，对方不配合是很正常的事，要能以平常心处之。

（3）做内部审计需要有较强的逻辑分析判断能力。内部审计工作通常没有固定标准，很多风险点、问题点的发现都需要有较强的逻辑分析判断能力。

（4）内部审计有面对高层期望过高的工作压力。内部审计通常的工作目标是防范风险、查错防弊，主要是以内控为基础。但企业高层往往希望内部审计是“神探”，能够抓出企业中一切做坏事的人，而且要证据确凿，这就对内部审计提出了更高的要求。

内部审计工作也是财会专业的一个择业方向。

> 做财务还是做内部审计，要根据自己的性格、职业发展目标等考虑。

财务工作内容的进展与演化

1. 信息化程度对财务工作的影响

在微软视窗操作系统出现以前，财务的会计核算基本都为手工账。庞大的工作量、滞后的信息，使得财务人员很难有效开展管理性工作。随着会计软件的诞生，财务开始进入电算化时代，财务人员的工作得到一定程度的解放。2000 年，ERP 系统开始在不少企业里实施应用，业务经营信息能够与财务账务系统直接相连，极大地提高了财会信息的效率与准确性，各种管理应用要求逐步进入财务管理工作范畴。

2. 企业市场化程度对财务工作的影响

在计划经济年代，企业主体主要为国营企业，财务人员的主要工作就是核算、结算与税务，这也是财务工作的基本内容。随着市场经济的逐步发展，民营企业大量崛起，企业之间的竞争越来越激烈，单纯的记账式财务职能已不再适应企业的需求与发展，如何协助、支持企业提升经营业绩，防范、控制企业经营中的各种风险已成为财务人员的重要目标。而且，随着金融体系越来越发达、资本市场越来越有活力，如何管理、运用好企业的资金，如何为企业低成本筹措资金，并控制财务风险以支持企业的快速发展已经成为财务人员重要的价值体现。

财务人员的工作内容随着企业生存与发展的需要而丰富起来，这是信息化推动的结果，也是社会经济发展的必然结果。财会人员必须清醒地认识到发展的趋势，只有这样才能让自己成长为企业所需要的人才。

如何看待会计核算工作

一方面，会计核算是财务人员的基础工作，但是随着信息化的不断发展，这种标准化的工作已经被计算机和软件系统所替代。例如，现在很多系统都可以实现业务信息自动生成记账凭证、过账进而形成会计报表的功能。因此，认识到这一点可以让我们不止局限于会计核算工作，从而进一步促进职业进步与发展。

另一方面，会计核算是财务人员必须具备的专业基本功，不把会计核算的内容理解透彻，其他更高层次的财务工作就会很难做好。例如，对于财务分析，如果不能理解会计科目之间的勾稽关系、关联关系，就难以全面地找出问题点，进而影响分析的质量和效果；如果对会计核算原理理解不到位，在融资过程中就不能很好地向银行或其他投资者解释其提出的各类财务报表性问题。

会计核算是财务人员的基础工作，同时也是财务人员必须具备的专业基本功。我们既不能在这项工作上止步，也不能完全轻视这部分工作，而是应在打牢这部分内容的基础上向更高的财务职能迈进。

实务中的财务管理主要指什么

在实际中，财务管理的目标主要包括保证财务信息准确、及时、完整，维护企业资产的安全，协助、支持企业提升经营业绩，保证企业的现金流健康，并满足企业发展的需求。

保证财务信息准确、及时、完整是财务管理的基础内容，也是财务基本职能的体现。财务人员应当审视、梳理企业的业务流程，保证企业的各项业务活动信息能够准确、及时、完整地流转到财务部，并且财务部也应有程序保证对流转过来的信息及时处理，形成企业的财务数据信息。

维护企业的资产安全是财务管理的重要内容之一，也是财务的职责和义务。资产主要包括有形资产和无形资产。有形资产主要包括货币资金、银行票据（如支票、银行承兑汇票等）、存货及固定资产等；无形资产主要包括债权性的应收账款、其他应收款及预付账款等。财务应结合实际，通过建立管理程序，包括不相容岗位分离、内部牵制、分析、复核、盘点及对账等方式维护企业的资产安全。

协助、支持企业提升经营业绩，既包括财务部自身工作的经济贡献，也包括对业务经营的帮助，还包括运用财务工具帮助企业提升经营业绩。

保证企业的现金流健康，并满足企业发展的需求。现金流管理是财务管理中居于核心地位的管理职能。现金流管理包括长期资金预算、短期资金计划、融资、投资决策的资金分析等。在现实中，很多企业的崩塌都源于资金链的断裂。

> **资金管理职能是财务经理、财务总监必须具备的财务管理技能。**

同时，企业不可能仅靠股东投入的资本来做运营和发展，在达到一定规模、拥有一定条件后，融资就成了财务管理人员的重要岗位职责要求。

如何实现从核算向管理的转变

实现从核算向管理的转变是财务人员职业发展中存在的一个大问题。很多同行做会计核算很熟练，日常账务处理也没有问题，但往往止步于此。

核算与管理的区别在于核算有明确的操作标准和依据，而管理则没有。因此，管理更加灵活，更能考验财务人员的综合思考与处理能力。

如何从核算向管理转变？这个问题没有标准答案。下面是我的一些经验和建议。

（1）对自己有更高的要求，对自己有信心。自己应当立志：职业发展目标不仅仅是只会做核算的会计，还可以是会做更多、更高阶工作的会计。

> 管理虽然灵活，但并非完全无规律可循，别人可以做得到，你也可以。

不要认为这是一句空话，很多事情能做好、能坚持，很大程度取决于自己内心的原动力。

（2）在做好本职工作的前提下，多思考“闲事”、多管“闲事”。只有自己的工作做好了，才有资格去管别人，别人也才会信服。因此，财务人员应当先审视自己的工作，尽可能做到精益求精。在此基础上，财务人员可以多思考“闲事”、多管“闲事”。这里所说的“闲事”是指对企业经营发展有利或会有损企业利益的事项，虽然这些事项可能是由其他部门或人员造成的，但是财务人员不能觉得这与自己无关。

> 只要与企业的利益有关，就都是财务人员可以管理的事项。

（3）由易到难地学习做管理。财务管理从易到难可以分为：财务信息准确、及时、完整—维护企业的资产安全—业务监督与支持—资金运用管理。

保证财务信息准确、及时、完整既是财务的职责，也是管理的过程，包括梳理业务流程、理顺业务信息等，这些是财务人员应当做到的工作，也是相对容易的工作。

维护企业资产安全会难一点，但难度也没有那么大。财务人员的主要职责是保证各项资产账实相符，保证资产质量有效，对危及企业资产安全的风险、问题及时向管理层反馈，并采取改善措施。

业务监督与支持，相比前两者难度就增加了很多，难在需要对业务有充分的认识和了解，包括业务环境、业务模式、业务流程、业务执行人员的性格特点等。在对业务充分认识和了解的基础上，财务人员才能和业务部挖掘机会点、发现和改善问题点。

资金管理也是难度大的管理内容，需要财务人员对宏观经济金融环境有好的前瞻性与洞察力，对企业未来的发展方向和战略有很好的认知，对企业的业务现状和未来趋势有理性的认识和判断，同时具备较强的资金规划、调度、协调与把握能力。

财务管理是有方向、有规律、有递进层次的，

> 只要坚信自己，务实去做，由易到难，不断思考、实践总结，实现由核算到管理的突破是完全没有问题的。

财务管理内容的三个能力层级

将财务管理的内容划分为三个能力层级，是为了让大家更好地理解财务管理不同职能在企业应用中的逐渐深化过程，也便于大家明确自己的学习方向和努力目标。

层级一：管好钱、管好账、处理好税务

管好钱、管好账、处理好税务是财务部的基本工作职能，也是开展其他财务管理工作的基础。

（1）管好钱

管好钱是指保证企业资金的安全，不能因相关人员工作失误而使企业资金产生损失，更不能出现企业资金被恶意侵占、挪用等情况。从程序环节上来说，其包括收入资金、保管资金和支付资金。从资金范围上来说，其既包括企业账户里的银行存款、库存现金、各类银行票据，也包括微信、支付宝等第三方非银账户资金，甚至包括企业用于经营收款的个人账户资金。

财务人员应增强资金安全意识，务实管理，让其成为贯穿职业终生、深入骨髓的优秀职业习惯。

（2）管好账

管好账，一方面是指账务应能够真实地反映企业的实际，既包括资产负债状况，也包括企业一定期间的收入、成本、费用、利润等。纵使因为某些原因，企业设置了两套账务，但也需要有一套能够真实反映实际的财务数据，不能反映真实现状的财务数据是没有意义的。

管好账，另一方面是指财务数据应能够满足企业管理者经营决策的需要，也就是核算除了符合会计准则的要求，还要满足企业管理者对信息的需求。财务人员可以通过对财务核算进一步细化、重分类设置、辅助核算等方式，将按准则核算的会计账务调整为管理层看得懂、所需要的经营决策信息。

（3）处理好税务

企业税务管控的目标是在保证正确纳税核算、纳税申报的基础上，争取可享受的各项税收优惠政策。

税务问题是企业财务管理中的一项重要内容，尤其对中小企业来说，税收是财会人员除了核算以外讨论最多的问题。这是由于税收是企业的一项支出，而且在企业规模未达到一定程度以前，这项支出对企业本身通常不会产生相应收益。这就决定了中小企业经营者往往希望通过各种方式降低税收支出，因此也对身处其中的财务人员产生了较大的压力。

为企业降低支出是财务人员的主要职责，但是财务人员必须注意税收的另一特性——法律规定的强制性。因此，税收支出的降低是有限度的，即必须在合法合规的前提下进行。

目前，国家出台了很多税收优惠政策，财务人员应当在充分学习和理解的基础上，结合企业自身实际规划选择与企业相适应的税收优惠政策。

需要指出的是，企业经营者和财务人员应理性看待税务筹划。不是所有的纳税支出都可以筹划，筹划需要具备一定的前提条件和基础。同时，筹划也需要付出一定的成本，包括调整业务模式、调整企业组织结构、与上下游交易方的沟通协调等。只有筹划收益明显高于筹划成本时，筹划方案才是划算的。而且，即使再周密的筹划方案，也会有不被税务局认可的风险，从而导致筹划失败。因此，对于重大、复杂、大额的筹划项目，企业应主动与当地税务局沟通，并考虑借力税务咨询专业机构。

层级二：经营预算、经营分析及业务监督与业务支持

从层级一的内容可以看出，管好钱、管好账、处理好税务是财务部的基本职责，从工作范围上来说，主要还是限于财务部内部。因此，在做好这部分工作的基础上，财务人员应做好经营预算、经营分析及业务监督与业务支持。

（1）经营预算

在实务中，大多数企业都会做预算，但预算制定和执行的结果却往往不尽如人意。如果单纯以预算准确性来衡量预算质量的好坏，国有企业和外资企业要好于民营企业，这并不是因为民营企业不会做预算或预算管理水平低，而是不同性质企业的经营者对预算所持有的理念不同。

国有企业和外资企业的经营者通常是职业经理人，企业在规模和地位上相对成熟，在经营上一般追求的是稳定的可持续发展。因此，无论从管理者个人利益的角度还是企业的发展理念角度，预算情况都决定了预算结果通常是可实现的，这并不是说完全没有难度，而是相对较理性。

在现实中，民营企业的发展通常会追求高速度，希望快速实现企业经营规模、业绩的扩大。因此，经营者提出的预算目标往往具有挑战性，甚至明显不符合实际，这是由民营企业的危机意识、进取意识和挑战意识所决定的。这一方面确实降低了预算指导未来经营的作用，但另一方面也打破了常规预算目标的约束。

从实务角度来说，预算管理这一管理工具不能简单地以预算目标是否准确、能否完全实现来衡量预算工作的好坏，而应结合企业的发展阶段、经营者的发展理念、宏观经济环境等综合考虑，灵活运用和实施。

经营预算的实质是企业未来的经营蓝图，管理者应侧重考虑如何充分激发员工的工作积极性、如何提供必要的平台和资源支持、如何正确看待实际与预算的差距、如何平衡预算目标达成与员工利益的关系等，进而最大限度地实现经营蓝图，这才是预算管理的根本目的。

（2）经营分析

经营分析是企业的财务人员对企业的经营状况进行分析，使经营者清楚了解企业的经营成果，同时对经营成果进行分析找出问题点，并进行改善的行为。

做好经营分析的核心是对企业的业务充分了解，包括历史经验、业务模式、业务规律及客户特点等。数据分析是对企业经营的量化呈现，但这只是计算的过程，只有充分了解业务，才能对计算的结果做出具有经济意义的判断，而不只有数学方式的计算与计量。

（3）业务监督与业务支持

业务监督是指保证业务运行按照企业规定执行，监督、报告、处理执行中出现的差异、差错、例外事项及违规行为，同时对涉及资金收支、资产安全方面的事项，财务人员应当提出专业性管理要求和意见，如客户信用管理的应收、采购资金的应付、资金收支的结算方式等。

一般来说，财务人员进行业务监督的对象是涉及财和物方面的经济事项，非经济事项往往由其他部门通过其他管理程序进行控制。经济事项的监督包括事前、事中和事后控制。事前包括合同签订前的审核、流程制度的建立与规范等，事中主要是执行环节的政策遵循与监督，事后则包括检查、分析、评价和风险弥补等。

业务支持主要包括两个方面：一是流程效率的提升和改善，二是财务对业务的专业性帮助。

> **财务人员应当在风险可控的基础上致力于提升流程效率，包括评估压缩不必要的管控环节、提高审核效率、建议给予业务执行部门恰当的授权等。**

提升流程效率的关键是应用信息技术，即在业务监督上以系统控制替代人工控制，以系统审核替代人工审核，这就要求财务人员应当具备信息化管理意识。

财务对业务的专业性帮助包括对业务的专业性指导，利用供应链融资和信用保险等工具帮助业务部拓展市场等。

在业务开展过程中，很多内容是与财务相关的，如不同结算方式的风险及对价格的影响，增值税发票的规定和要求，不同税率对成本、价格的影响等。业务部工作人员对这些内容未必全部清楚。在这种情况下，财务人员应对其给予专业性指导。

近年来，供应链的概念在企业经营中越来越重要，供应链金融也越来越受到重视。

从银行端来说，这是基于真实业务背景、在风险可控的情况下，以金融业务促进实体发展的重要业务举措；从企业端来说，财务人员可以通过这些金融工具健全完善企业的营运资金管理，促进业务进一步发展。

供应链金融包括向上游的采购支付和向下游的销售收款。从工具应用上来说，供应链金融包含订单融资、反向保理、买方信贷、应收款保理及客户信用保险等。目前，一些企业开始探索运行基于自身业务体系的商票融通业务，这也是供应链金融业务的进一步拓展。利用这些金融产品可以帮助企业融通资金，同时可以巩固与供应商、客户的业务关系，有利于企业业务的拓展。财务人员应当在了解这些金融产品的基础上，结合企业的实际情况，在控制风险的前提下积极提供供应链金融解决方案，实现企业业务发展的业财融合。

层级三：全面资金管理、全面融资管理和财务管理体系建设

企业现金流的健康与否决定着企业的生死存亡，因此，财务人员应当具备驾驭、管理企业现金流的能力。

（1）全面资金管理

全面资金管理主要包括长期资金预算和短期资金计划。长期资金预算（以下简称“资金预算”）是指一年（含）及以上的资金规划。短期资金计划（以下简称“资金计划”）是指一周至三个月内的资金收支安排。资金预算决定了资金管理的未来方向和框架，资金计划是资金预算的具体执行。

资金预算可以分为经营资金预算、投资资金预算和融资资金预算。经营资金预算是指企业自身经营项下资金收支的盈余或短缺，应以经营预算为基础进行编制。投资资金预算是企业经营者根据经营需要、未来发展规划等制订的投资性计划。融资资金预算需要根据经营资金预算、投资资金预算结果制定。

如果说资金预算确定的是未来资金管理的框架与方向，那么资金计划强调的则是准确性。一周至三个月内的资金支出通常可以准确地被预计出，难点在于资金收入计划。财务人员可以通过对业务部工作人员进行专业性指导，以提高资金收入计划的准确性。即便如此，资金收入计划也不可能达到 100% 准确。一般来说，能达到 90% 左右的准确率就已经不错了，偏差部分可以通过非刚性支出进行调节。

（2）全面融资管理

全面融资管理是指企业财务人员应当担负起为企业筹集发展所需资金的重任。

全面融资包括股权融资和债权融资。股权融资主要指 IPO、私募股权等。债权融资主要指发行债券、银行融资等。

财务人员应当根据自己对宏观经济、金融形势及资本市场的分析、判断，结合企业的实际经营情况和投资计划制定融资规划。融资规划以控制企业财务风险为前提，以保证募集到所需资金为目标，以资金成本最优化为努力方向。

另外，财务人员还要对企业的资本结构与债务结构进行管理控制，这也是全面融资管理的重要内容。

资本结构在实务中通常以资产负债率来体现和反映。资产负债率的高低没有固定标准，要结合所在行业的平均负债率或行业标杆企业的负债率来确定，同时也要考虑企业自身的发展前景、未来经营时现金流流入的数量与可持续性。当资产负债率偏高时，企业应考虑通过股东增资或调整股权方式来融资。

债务结构管理通常是指有息负债的债务期限配比和币种结构管理。

有息负债是指从银行、债券市场借入的资金，这类债务的本息到期偿还是刚性的，因此财务风险大，财务人员应重点关注债务期限。长期债务是一年以上的债务，财务风险低，但资金成本高，也不容易获得；短期债务是一年以内的债务，资金成本低，但资金使用时间也短，财务风险相对高。财务人员应当平衡长、短期债务的期限，不能因为短期债务比长期债务容易获得，就全部使用短期债务，更不能将短期债务融得的资金用于长期周转的项目。

币种结构是指企业的债务中如果存在多币种、长期限的外币融资，财务人员应关注外汇市场汇率的变化和走势，在汇率波动比较大时，考虑要不要做一些币种调换、风险对冲方面的行为以降低风险。外汇市场是个极为专业、预判风险大的市场，财务人员除了通过自身的研判，还要听取银行等专业人士的意见，同时也要在获得企业最高管理者的完全认同后方可操作。

（3）财务管理体系建设

财务管理体系包括核算、结算、税务、经营分析、预算、信用管理、资金管理、融资、投资及内控等一系列职能。这么多内容全由财务人员去做是根本不可能的。财务人员对每一项职能都完全精通，也是不现实的。因此，财务人员的主要职责是确定财务管理方向，组建强有力的财务管理团队，指导、监督各项职能的开展。

确定财务管理方向是指财务人员应当根据企业高层的要求、企业的发展战略方向、企业的现实状况等明确财务部的主要工作目标和方向。

在明确方向的过程中，财务人员应多与企业高层沟通、交流，充分理解其意图与要求，保持与其在方向、目标上的一致性；同时也要主动观察、了解企业运营中存在的困难和问题，主动将其列入改善目标。

强有力的财务管理团队是财务管理职能得以有效贯彻实施的坚强后盾，也是财务管理体系建设的关键。人，是一切行动的根本。能否带领团队完成部门整体工作，发挥团队合力，是对财务人员专业能力、情商和领导力的综合考验。

以上三个能力层级逐次递进，相辅相成，希望可以为大家提升财务管理能力提供方向性的借鉴与参考。

读书笔记

我的成长小目标

本章金句：

- 人的时间和精力是有限的，应当合理分配。
- 很多事情能做好、能坚持，很大程度取决于自己内心的源动力。